人生之旅
旅之人生

——纪念关君蔚院士诞辰 100 周年

宋吉红　主编

中国林业出版社

图书在版编目（CIP）数据

人生之旅　旅之人生：纪念关君蔚院士诞辰100周年 / 宋吉红主编.—— 北京：中国林业出版社，2017.5
ISBN 978-7-5038-8986-8

Ⅰ.①人… Ⅱ.①宋… Ⅲ.①关君蔚－纪念文集 Ⅳ.① K826.1-53

中国版本图书馆 CIP 数据核字 (2017) 第 072230 号

中国林业出版社·生态保护出版中心

策划编辑　刘家玲
责任编辑　牛玉莲　刘家玲

出版发行　中国林业出版社（100009　北京市西城区德内大街刘海胡同 7 号）
　　　　　E-mail：wildlife_cfph@163.com　电话：（010）83143519
整体设计　周周设计局
印　　刷　北京卡乐富印刷有限公司
版　　次　2017 年 5 月第 1 版
印　　次　2017 年 5 月第 1 次
开　　本　787mm×1092mm　1/16
印　　张　12.25
字　　数　153 千字
定　　价　99.00 元

《人生之旅　旅之人生》

编辑委员会

前言

PREFACE

2017 年是我国水土保持与荒漠化防治学科的奠基人、开拓者和杰出的水土保持教育家关君蔚院士诞辰 100 周年，为深切缅怀这位为我国水土保持事业和学科建立、发展做出卓越贡献的宗师，发扬他高尚的为人、治学品格，重温其为中国水土保持事业做出的卓越贡献，以激励后人，传承其精神，特将其生前遗著及弟子和生前好友的回忆文章进行编辑出版。

关君蔚先生 1917 年 5 月 23 日出生于辽宁沈阳，中国工程院院士，北京林业大学教授，水土保持学家，首批国家政府特殊津贴享受者。长期致力于我国水土保持、防护林体系的教学和科研工作，主持创办了中国高等林业院校第一个水土保持专业和水土保持系，建立了具有中国特色的水土保持学科知识体系。关先生于 1941 年日本东京农工大学林学科毕业后，便怀着赤诚的报国之心，从日本辗转回国，开始了长达 60 多年的水土保持教育和科研生涯，先后在北京大学农学院、河北农学院森林系、北京林业大学等单位工作，历任讲师、副教授、研究员、教授、博士生导师等职，1957 年受聘为中国科学院兼职研究员，1995 年当选为中国工程院院士。曾任中国林学会第二届、第五届理事会理事，中国水土保持学会第一届和第二届理事会常务理事、第三届名誉理事，中国治沙暨沙产业学会副理事长，国际防治荒漠化公约中国执行委员会高级顾问，《中国水土保持科学》主编等职。

关君蔚先生是我国水土保持学科和教育工作的开拓者和奠基人。从20世纪40年代初开始，便培养和造就了大批水土保持专门科技人才。1949年水土保持学课程作为高等农林院校林学系和农田水利系学生的必修专业课增设于河北农学院并由关先生主讲。1952年，全国高校院系调整后，水土保持被纳入重点专业课程之一，关先生调入北京林学院（现北京林业大学）继续主讲这门课程。1958年，林业大专院校专业委员会成立了水土保持专业委员会，关先生作为主任委员，主持研究并制订了专业课程设置和教学大纲等，并主持了全国林业大专院校水土保持专业教材编审委员会的工作。同年，全国第二次水土保持会议决定，在高校设立水土保持专业，北京林学院承担了这个创建任务。关先生带领同事们克服重重困难，培养了我国的第一代水土保持专业大学毕业生；并于1961年组织编写了我国第一部《水土保持学》统编教材，造就了我国农林院校第一批水土保持课程的主讲教师。就这样，在林业教育史上，水土保持专业与学科在我国建立起来了。关先生担任了第一任水土保持专业负责人、第一任水土保持系主任；创立了我国首个水土保持学科博士授予点，也成为我国水土保持学科的第一位博士生导师。

关君蔚先生科教成果丰硕。他主编了《水土保持原理》等多部教材和专著，主持编写了《中国大百科全书》《中国农业百科全书》中“水土保持”“水土流失”等学科领头条目。1985年，他编著的《山区建设和水土保持》获全国农业区划委员会一等奖。先后撰写了《“三北”防护林体系建设工程》《生态控制系统工程》

等多部著作，发表了《甘肃黄土丘陵区水土保持林林种的调查研究》《我国防护林的林种和体系》等50多篇论文。研究成果“石洪的运动规律及其防治途径的研究”获得了1978年全国科学大会奖励。1983年，为表彰关君蔚先生对水土保持事业的特殊贡献，国务院全国水土保持协调小组授予他“全国水土保持先进个人”荣誉称号。1986年，他担任技术顾问的世界百个重大获奖项目之一——“三北”防护林建设荣获了联合国环境规划署颁发的金质奖章。1987年，他参与的研究成果《宁夏西吉黄家二岔水土流失综合治理的研究》获中国林学会梁希奖，同年获林业部科技进步一等奖，1988年获国家科技进步二等奖。1989年，他又荣获了国家教育委员会颁发的“全国优秀教师”奖章。2001年他被评为北京市水土保持先进工作者。2003年获“全国防沙治沙标兵”称号。2004年获国家林业局首批林业科技重奖。这些荣誉是对关君蔚先生不懈奋斗的最好褒奖，但比这些荣誉更重要的是，关先生用自己的言行为全国水土保持科教界树立了学习的榜样——献身事业、执着追求、无私奉献。

北京林业大学水土保持学院的发展倾注了关君蔚先生毕生的精力和心血，在以他为代表的几代人的辛勤努力下，水土保持学院已发展成为办学特色鲜明、学科优势突出的研究型学院，涵盖农学、理学、工学3个学科门类，包括水土保持与荒漠化防治、自然地理学、地图学与地理信息系统、结构工程4个二级学科，其中水土保持与荒漠化防治为国家级重点学科，有力地推动了我国生态环境事业。水土保持学院现已成为我国生态环境建设与水土保持理论技术研究中心、高层次水土保持人才培养中心、高水平科研成果集成转化和示范推广中心及本领域国内外的交流合作中心，在水土保持理论与工程实践、水土资源保育与可持续利用、流域资源保育与管理等领域的人才培养、科学研究、社会服务、文化传承与创新、国际交流与合作等方面取得了丰硕的成果。

本书共分两篇，上篇为关君蔚先生自传，完成于2007年，系关君蔚先生亲自撰写。编者目睹关先生在身体虚弱的情况下，始终坚持笔耕不止，带病工作，将宝贵经验一字一句地认真总结整理，为后人留下了一笔丰厚的人生财富。怎奈生命之无奈，自传部分终未能在生前出版面世，实属憾事。下篇为关先生弟子及其生前好友的回忆录。回忆部分系北京林业大学水土保持学院收集整理。作者们回忆了与关先生在一起共事、学习、研究、生活的难忘时光，重温了关先生给予的关怀鼓励与教导启迪。

在关君蔚院士100周年诞辰之际出版此书，既是对关先生的真切怀念，也是进一步宣扬关先生的学术思想与做人做事品格。本书在编写过程中，得到了中国水土保持学会及北京林业大学水土保持学院的大力支持和帮助。北京林业大学副校长王玉杰教授亲自参与指导与组织工作，中国科学院水利部成都山地灾害与环境研究所崔鹏院士对本书的出版给予了大力支持，水土保持学院老院长、全国著名水土保持专家王礼先教授亲自审订，关君蔚院士的儿子关锋先生提供了大量宝贵图片，编委会成员和作者们全力配合并付出了大量的努力和心血！在此，向所有关心、支持本书出版的领导、专家、朋友致以最诚挚的谢意！

编者

2017.02

前言

上篇　自传

下篇　缅怀

上篇自传

关君蔚

序言

就生物物种的总体而言，世代相传应是必然的自然规律，但就繁殖出来的个体，能否平安无事，传宗接代，生老病死？却又必然决定于诸多偶然因素。人类虽自封为“万物之灵”，但毕竟仍属具有生命的生物范畴，尤其是人类的个体，弄不清楚自己是如何出现在地球上。我虽有幸在老年，无意识得遇两次休克，一次自然苏醒，另一次被抢救过来，但仍难体验在诸多偶然性因素的制约中，如何离开这个世界。曾指导过我多年的：“人贵有自知之明”的思想，老年才理解到不仅无法，也不可能达到目的。但作为人类的个体，在经过相互比较和鉴别，定性地掌握自己的层位 [niche] 应该是可能的。84 岁之后才意识到“人定胜天”无疑是无知的狂妄，但“靠天吃饭”也等于自取灭亡。从而人类或个人都能在诸多偶然性因素的制约中，趋利避害，巧于向自然索取必需的自然资源，更多地让给他人和留给儿孙后代；自己会活得很高兴，这应该就是应用科学上的创新；所以笑口常开，谦逊必寿；连我都能活到八十多，下几代，倘无意外都应过百；代代都更青出于蓝，全人类都会越活越高兴！

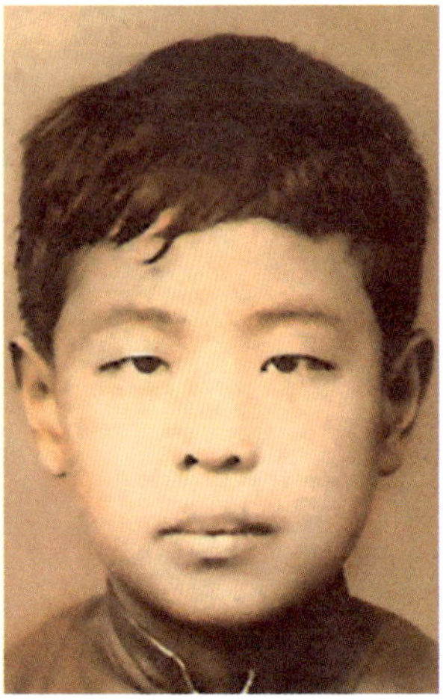

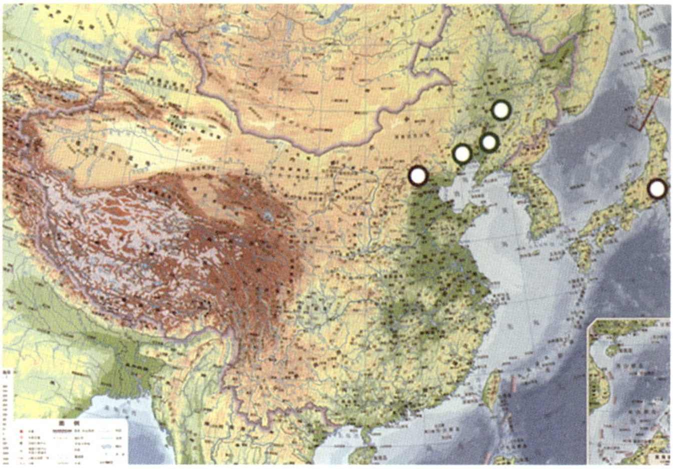

第一回

生于多灾多难之时的“五朝元老”

(1917—1949)

我于1917年5月出生在辽宁沈阳一个满族家庭，我最小，幼而失持，上有哥、姐、母亲和祖父；出生时昏迷，被接生的“稳婆”狠打一巴掌，才会哭；典型的先天不足，母亲又没奶，请个奶娘帮奶加喂，总算活过来了，是全家的小可怜。母亲的评语最中肯，有我不多，没我不少。劣势是没人管，而优势则是自由度大，只受到亲姐姐的爱护，我从小就是多吃多占，抢吃姐姐的馒头长大的；一生也是靠妈妈、姐姐、老伴和儿女，才活到了今天。满族是长白山区原始林区的民族；到我这一代已是移居到松辽平原农业区，汉

注：每回首页地图为关君蔚院士生前所绘，只为示意此阶段关院士留下足迹的地方（图中圆圈）。

化的第三代，既不谙满文，更很少用满话。虚五岁就随哥哥进入私塾，每天给孔老二作揖，背诵三字经、百家姓和四书五经，但和哥哥不一样，不管是先天的本能，还是后天环境的影响，自幼酷爱生物，深得祖父的支持，发挥自由度大的优势，从小猫大狗养起，花、鸟、虫、鱼、鸡、鸭、鹅、兔……甚至乌龟、老鼠都成为伴随我童年成长的伙伴。虽至今仍接受不了弗洛伊德的学说，但对他曾论述过的：人类在童年对其他动物都认为是自己的兄弟、姊妹和伙伴的论述，通过亲自实践，却得到了证明。

受全国的大势影响，1926年才8周岁的我就和哥哥一起转入高小，读一年半，试考初中，竟和哥哥一起都考上了。原来一贯哥俩出入同行，上课同桌，哥哥很用功，弟弟在考试时照抄无误，就混过了关。初一暑假全班游沈阳东陵，得亲近原始林区，流连忘返，天性使然。当时我已开始迷恋于黑白照相，犹记得急于买胶卷，误了考地理，补考时哥哥不能陪，试题为“世界三大产金地？”最后竟答成：“新金山、旧金山和紫金山”，气得老师连续补考4次，才勉强过关。初三那年，因为逞能，把老师准备的午餐——馅饼给吃了，老师要给记过处分，怎奈当时我已积累了两大过两小过，不能再记过了！只好罚我一个星期每天中午给他买馅饼，我很好，给他买了十多天，总算勉强毕了业，面对当时我的照片，我怎么也想不出那时候的我？

当时在东北的风气集中学理工，崇美思想浓重，于是又随哥哥考上辽宁省立第一高中理科，直到“九一八”，我已玩完了高中一年级。日本占领东北后，建立傀儡政权，只准续办职业高中；和哥哥一起转学到省立第二工科高级中学的采矿冶金本科。因为当时得到东北大学的部分仪器设备，尤其是未遑内迁的老师来校任课，提高了教学质量。1933年哥哥不幸病死，姐姐又已出嫁，只剩母子二人相依为命。受诸多偶然性因素制约的形势所迫，我（虚16岁）突然变成“小”大人。不能再玩下去了，只得替死去的哥哥念数、理、化、工、英文、日语；毕业考了个第一名，博得全校老师和全班同学的赞许；只是原认为我哥哥死后，自认全班第一非他莫属的一位同学，心情不畅，在合照纪念像时，让他稳坐中间，我以插班生的地位侍立于侧，取得这位老大哥的认可。其实我只是想告慰死去的哥哥，安慰老年丧爱子的妈妈；考前确实累得要命，考过之后真后悔，早该用点功，就不受这份罪了。

毕业照（第一排右三为吴秀文，第二排右一为关君蔚）

哥哥死于肺结核，我更瘦小；当时“雷米丰”尚未问世，得了肺结核，仍属难治的“痨病”。名医刘仲明大夫知我喜欢生物，劝我母亲让我改学农科，并告我去美国留学已很困难，不如改攻日语，去日本留学。于是1934年暑假过后，就到当时日本早已在东北据有的南满洲铁道公司下属熊岳城农事试验场，学果树、蔬菜、花卉、促成栽培、农产加工和林业。实际上是投入大自然的怀抱，昼夜和各式各样的生物群体生活在一起的另一种学校。尽管老一代亲朋认为学农没有出息，努力学习日语，准备投考公费留学时，又被同学讥讽为：“痴心妄想，回家溜‘地瓜’去吧！”母亲内心更爱农村生活，又爱儿心切，在亲朋冷遇、惋惜和鄙视之中，得到母亲的支持，重新开辟自己的新天地。由于心情舒畅，一年学会了几种主要果树的栽培技术，两年后通过多方面的培训和实际锻炼，取得了“农夫”的职称，三年考取成为

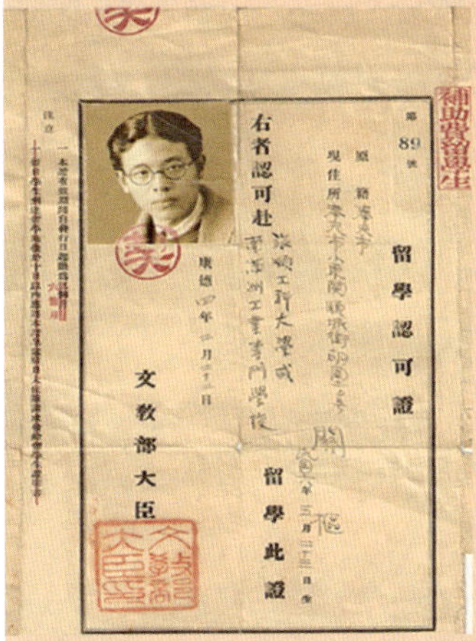

伪满公费留学证明

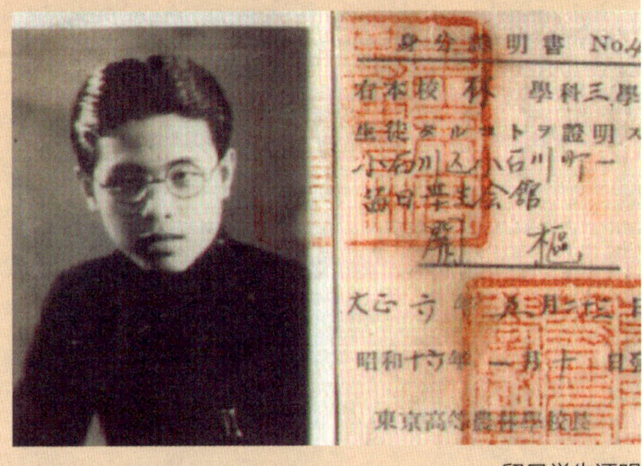

留日学生证明

"满铁社员"，借可以免票乘火车之便，利用周假日，遍游东北三省火车能到达之处，成为人生之旅的练兵阶段。"读万卷书，行万里路"鼓舞着自己，当年考取留学日本，体检后限在我国东北日系工业或医科大学留学，未去。又在熊岳、旅顺和海城结合工作休养半年，再次报考公费留日；孰料马虎大意，记错日期，只赶上最后口试，经充分利用日语优势，恳切求情，侥幸以最后一名被录取，进入首批留学生预备学校，同年冬以全校第一名的成绩毕业。1938年春只身去日本，开始了"旅之人生"。以上是我从出生到长大成人的简单过程，这是半个多世纪前的往事，和现在大不相同；即使和我同时代的人们，也都没有任何相同的人，或相同的途径；但只要是活下来的人，却殊途同归都已长成大人了。

在自然、生物和人类发生发展的进程中，只有我们这一代，亲历了初步掌握生态系统的动态进程，推动生物科学步入生命科学分野的新时代。而在进一步探索进程中，又只能按照1944年奥地利物理学家写在他的"生命是什么的遗言"：①我的身体纯粹地按自然法则；②我通过确凿的直接经验知道，我指挥着身体的运动，预测到效果，这些效果可能是决定运转、定性的和极为重要的。我感觉到这一点，并为之负全责。历史的实践证明，百花齐放、百家争鸣和民主集中是一个有机整体；从而我只能认真负责，将自己的一生，如实扼要，整理清楚；以期有利于后代的成长，能为祖国的兴发和人类的未来提供一砖半瓦，这就是目的。

1938年3月启程东渡，一到东京，仿佛进入了一个"新天地"；正式考入现东京农工大学林学科；平生第一次认真为自己念书、学技术；当时超前的现代化设备、知名教授和各具特色的务实学风，深受被吸引和感染；而且

日本留学照片和老师储户北郎

得以享受和日系学生的同等待遇。于是废寝忘食，全力以赴，但在拓殖史的课堂上，对“拓殖（侵略）有理”和教师展开了争论，切实感到国力和科学滞后，必然受到欺凌和藐视。导致很快就确定论文题目为：“满洲植物区系的研究”，在林学上要为民族争口气。1939年破格被选为农林口留日学生代表，得住东京市中心的留日学生会馆（现日中友好会馆，借机会领得中国“庚子赔款”项目下的奖学金，加上中译日“勤工俭学”的所得，广泛涉猎选购，踌躇满志，狂妄号称“万卷楼主”（包括杂志）；暑假不顾在国内外当时的日系师友出于善意的劝阻，毅然按原定计划到东北林区搞外业调查。当时东北东部林区的实际情况确实非常复杂，好在有先后两次的《林海雪原》的电影为证，我确实作为一个假洋鬼子，在这里待了一个多月，完成一篇学术论文，1941年取得技术士学位。就在这次活动中得知在长白山脚下，镜泊湖边日伪在这里有个“镜泊学园”，是有进无出的，被认为有反满抗日思想嫌疑的政治犯集中营，震动很大。联想到早期留日同学，尤其是由国内非沦陷区的中国留学生的严厉警告，要对日警提高警惕，假期回国，也看到日伪军宪的横行霸道；但仍自持是满族，又曾作为留学生代表欢迎过溥仪访日，出于无知，锋芒毕露，并形成以被迫学森林理水砂防工学为名，再去京都帝大研究农艺化学，进一步深造，可缓回国，并已得到日本京都帝大的同意。1941年领到毕业证明书后，某晚在会馆偶遇日特冈××，他醉后失言，一改平日对我虚伪态度，隐隐约约感到不妙，当晚将室内按常规布置妥当，次日赶在毕业典礼前，单持留学生证离开东京，经下关、釜山、丹东，过沈阳未敢回家，直趋满洲里。再回长春找到恩师陈筱西（溥仪的英文翻译），当时兼任伪满映文艺课长，得任脚本员，同年冬，陈师让人转告我，要赶快离开长春。当晚再一次乘火车去哈尔滨，次日再由哈尔滨购直通票，闯过"鬼门关"（山海关），改名"关君蔚"到北京；却投入伪华北行政委员会的怀抱！到北京不几天日伪联合通缉到沈阳我家，此时好友吴普文、刘恩寰和其他多人已在东京被捕入狱，仅我幸免于难。在此过程中，除我母亲受到冲击和迫害外，满映同课同事牛丽珍甘担风险，承受日伪警宪的无情拷问，舍命掩护，使我取得时间，得脱险境，无可回报，铭记于心。吴普文原是伪满在东京留学生会馆管理留学生的职员，思想活跃进步，在留日学生中威信很高，是日警迫害的核心人物，在他被捕入狱之后，1942年刘恩寰已被释出狱，同年夏我已被聘为华北教育总署直辖编审会实业组编审。吴普文在日东京监狱直到日本战败投降，才被释放出狱。

1943年7月应北京大学农学院林学系系主任白埰教授的约请，我被聘为副教授，主讲"森林理水砂防工学"和"测树学"；1945年8月15日日本投降，

1946年8月受聘为北京大学第四分班副教授，同年冬随国民党辽宁省接收委员会去锦州、沈阳，1947年任国民党辽宁省政府建设厅技士。春继国民党的所谓“精锐部队”从沈阳向大连推进，借省建设厅了解果树园艺为名，曾组团5人去海城、盖平两县城郊附近考察，使我得以重游故地；原旧友仍在，具体的现实表明，在东北国民党已经大势去矣！同年秋四平解放，蒋王朝走向末路的局势已定，冬回北京等解放。早在1943年我在北京安家以后，曾有些东北流亡同学同事和沦陷区的青年，暂住我家，满怀爱国热情，奔赴抗战后方；而我以留恋家庭，与豺狼共处，悔恨实深，并曾以诗自省：“不读诗书不学禅，不为商贾不耕田，闲来养点花草卖，不使人间造孽钱。”承认我的前半生是“狱炼成鬼”，而以“无害人之心”自嘲。而成为从张作霖算起，张学良、伪满、伪华北行政委员会和蒋介石国民党改朝换代的“五朝元老”。

第二回

绝处逢生，脱胎换骨

(1950—1965)

1949年1月31日北平和平解放。经早去解放区的老友吕平（王克斌）、王林和曹裕民、刘大汉的督导，其时华北人民政府农业部早已全面展开工作，并已在河北正定建立了“冀西沙荒造林局”，在北京开始酝酿成立林业部，曾被推荐去察哈尔省参与林业行政工作。诚如上述，我自惭形秽，且几经沧桑，唯技有专长，好为人师的痴望犹存；其实当时接收河北农学院的军代表单锡五和邢允范、邓宗文、张海泉等教授都是老同行，主动联系的结果是：“只能聘为讲师，同意就来，不同意就另谋高就。”我让吕平和单锡五同志打个招呼，换套衣服，乘火车到保定报到。当时的冀西沙荒造林局的局址在

永定河沙荒抓橡皮虫

新乐县南化村，秋曾去参加工作，亲身体验和学习了如何在解放区的农村做工作。

1950年5月6日西北军政委员会发出："关于保护森林，严禁滥伐"的通令。同年6月30日，毛泽东主席公布的"关于实施中华人民共和国土地改革法的命令"中第18条："大森林、大水利工程、大荒地、大荒山……均收归国有，由人民政府管理经营。"同年9月，在天津召开了河北省首届劳模农展大会，由我承担的农业教育馆设计和实施，受到林垦部和全国科联的重视和表扬。得到河北省农委姜占春主任的重视，得以深入太行山区，直接参与老革命根据地山区建设和水土保持工作。在现实的教育下深感在新中国有我用武之地而"沾沾窃喜"；10月被派到当时仍属河北省宛平县，抢救现北京门头沟清水河泥石流暴发之灾，得知就当我躲在北京城里，谋求温饱，自认"无害人之心"之时，门头沟斋堂以上十八村，被日军烧过七八次，死人无数，深感内疚。于是暗下决心，前后延

驼岭王家寨

续两年多，参与了这条泥石流的调查、规划设计和治理工作，尽管这应是我的专长，但是从日本学来的科学和技术，社会经济基础不同，刚刚由日寇铁蹄解放出来的老革命根据地的经济基础，实无治理山洪暴发、毁灭性灾害的可能。精打细算，也必须有一定数量的钢筋和水泥；急于回省直接面见杨秀峰主席，力陈事属必需，非要不可！他倒笑了，说："水泥和钢筋是所必需，但我没有，事情还要办，先给你10万斤*小米，回去和地方商量想办法解决。"我只好带着失望的情绪回到村里，却受到了敲锣打鼓的欢迎！原来全村在前两天的电话里知道了，很形象说成是："背了10万斤小米回来了"。自认是"戴罪立功"；而更受感染和教育的，却在于只要农民群众愿意干，就没有克服不了的困难。事实上我只是将国际上如何治理泥石流反复多次和各级政府，尤其是当地群众讲过，真正克

*1 斤 =0.5 公斤（千克）。

服重重困难的却是土生土长的革命老前辈王聚珍（县局长）。自始至终，发动群众，调动广大群众的主观能动性，只投入1万元（折10万斤小米），治理一条遭受毁灭性河流灾害，并有再次发生潜在危险的泥石流沟道；始终难于忘怀的还有当时宛平县的安县长，完工后向他汇报工作，他令我坐好，把毛巾围在我的脖子上，开始给我理发，同时听我汇报。理完发他说："两年多，帮我们搞完这项工程，辛苦了，我愿亲手给你理回发，表示谢意。"当然还有矿区绿化指挥部的吕进才指挥，鼎力支持，完成了最艰巨的针叶树造林工作，现早已成栋梁之材。其后又经几次暴雨考验，迄今仍安然无恙；自己所钻研的科学技术能实现在祖国的大地上，欣慰无似，愿在河北山区了此一生。

1952年7月风闻成立北京林学院，赶快正式表态自愿留在河北；河北省

田寺村受灾后

田寺村山清水秀

农学院同意后，8月参加“华北五省区防护林考查和规划工作”，9月，知我因需定调北京，月末到京西北安河的普照院报到。出省了，开阔了眼界，到1954年底经过教学、科研和参加生产实践的结果，初步理解到，国际上大专院校的经验，必须根据需要和可能，要符合于我国当时的实际情况。而融教学、生产和科研于一体的学风，已反复为实践所证明。缅忆起1951年暑假曾带河北农学院应届毕业生到此实习，正值原北农大森林系上山派和下山派激烈辩论之时。此次合校我又报到较晚，为不影响已相对稳定了的生活秩序；也有意预防介入上下山派之争；自愿住入别院，一间9平方米的小屋。当年除夕之夜（也许是1953年元宵节之夜）由小食堂领来的节日盛餐，室内炉火甚旺，开窗透气，多人在小屋内聚餐，餐后人散，准备倒垃圾，开门猛见大狗直立对面，近在咫尺，两眼发蓝，突见一只前腿缺半截！顿悟原是北安河一带有名的三条腿老狼！急关上门，又关好窗户；其实在我关门时，这条老狼

河北张北“白毛风”（1950年）

《荒山造林》封面

也早已跑上后山了。今天的北京林业大学，50多年前，就起源于此。以三个学院的林学系为主，集聚来自五湖四海的几十个教师，多数都是比我更富有学问的教授，当时都过着与我相同的生活；就在这个基础上，在新中国，就建成了今天的北京林业大学。我们不应该忘记他们，但更重要的是，必然和偶然的组合是复杂的，北京林业大学也好，尤其是每个人也好，随时间的进展，会遇到各种形式的挫折，希望能想起这三条腿的老狼，相信会以更高的质量和更快的速度，取得更上一层楼的成就。

1955年2月前高教部召开了全国高等农林院校4个专业的教学大纲审定会，责成我院主编《水土保持学》统编教材。

1956年2月，承出版社特约出版《保持水土多造林》（关君蔚著），以应3月1～11日，新民主主义团中央、林业部、黄河水利委员会在延安召开的陕西、甘肃、山西、河南和内蒙古五省区青年造林大会之需，印行30万册。会上当时团中央书记胡耀邦作了："青年们，把绿化祖国重任担当起来"的报告，并与原林业部老部长罗玉川、陕西省省委书记白治民等领导参加了植树活动。来自浙江省西湖湖畔黄根品代表，当场向大会递交了决心扎根延安，建设延安的申请书，被留用在延安林业局，直到1978年"三北"防护林建设局成立，落实在银川建局，被调任副局长，20世纪90年代初，他光荣告老还乡，共同工作30多年，任劳任怨的工作作风，深受感染，临别相约共游富春江之愿，恨未得实现。

《保持水土多造林》封面

1956年毛主席向全国发出了“向科学进军”的号召，唤起了中国人民的科学意识之后，我有幸参与，并开始制定科学研究12年规划中：“山区建设和水土保持攻关研究重大项目”，由谭震林副总理主持，是不可多得且出乎意外的机遇！聂荣臻副总理曾在会议上提出：“我国人民应该有一个远大的规划，要在几十年内，努力改变我国在经济上和科学文化上的落后状况，迅速达到世界上的先进水平。”5天以后，周恩来总理在政协二届二次全体会议上，发出了“向现代化科学技术大进军“的号召。之后并曾深思熟虑地指出：“科学研究规划的出发点，是要按照需要和可能，把世界科学最先进的成就尽可能介绍到我国来，把我国科学事业方面最短缺而又最急需的门类，尽可能迅速补足起来，根据世界科学已有的成就，来安排和规划我国的科学研究工作，争取在第三个五年计划末，使我国最急需的科学技术能够接近世界先进水平。”详见：《科技日报》1996年8月21～23日3版十二年规划，是一项创举，是发展祖国科技事业的伟大创举。

夏天的某一天，突由院办转告我去国务院谭震林办公室开山区建设座谈会，我如期未明即起，乘首班公共汽车进城，转车至中南海正门，被告知需到西门查询，只好步行到西门，得到确切信息，是在谭震林副总理办公室开会，但需由北门进入，急走至北门，被告会议早已开始，经电话联系，瞬见石山同志急步走来，见我满头大汗，急问为什么不坐车来？答曰：“学校规定，副教授没车。”他急领我到会上，谭副总理正在讲话，石山同志说了一句“他来晚了”，谭副总理并未责怪，指我坐下，而且简单地将讲过的内容，扼要重复几句，实际上讲话早已过半，我作为党和国家1963—1972年科学技术发展规划的专家组成员，总算参加了由国务院谭副总理亲自主持的

"山区建设（后改为山地利用）和水土保持的研究"工作。陪谭副总理吃顿午饭，告别时石山同志再三嘱咐下次来开会一定要车送……我回到学校，没等我说，院办领导反而质问我："去国务院开会，为什么不要车？"我也急了，"我是副教授……"，"副教授到国务院开会也有车送……"，我进一步了解到，院办也因我迟到受到了责怪。

在制定规划过程中，开阔了眼界，不仅得到全体，尤其是席承藩组长和任承统老学长的爱导，更深受工作过老区的鼓励和支持。为"山区建设"或"山地利用"曾狂妄地和席老有所争持，曾给领导添过麻烦；但得以对"任务带科学"或"按学科分工"的争论，和"百家争鸣，矛盾统一"有了进一步的理解。在会上也曾任性在水土流失分区上，提出将山东划入华北，却意外得到山东省领导的支持。广州会议后参与1963—1972年科学技术规划的专家学者已从600人增加到千人左右，恰值灾荒将过，农业，尤其是山地利用和水土保持被列为重点，在友谊宾馆开大会时被指定住在主楼；我院领导也被邀参加反被安排在东北角上的配楼，会中派人把我找去，问我为什么能住主楼？我只能如实回答："非我自报是会上安排的……"一笑。会议结束前，在上报掌握多少研究经费时，有意带去一个确用学院科研经费买给我的马蹄表（人民币8元），等于告了林业部一状，急得部科技司袁司长亲自找我，我一口要了20万，他当场同意，但说手下无钱，先拨2万元以供急需，我到1966年才用了1.8万元，就"文化大革命"了。

根据1957年2月召开的第二次全国水土保持会议的决定，1958年初就建立起"水土保持专业"，将原林业专业二、三年级各一个班转为水土保持专业的二、三年级，1960年就可以有一个班毕业生到工作岗位。相应建立起只有8个人的森林改良土壤教研组，主持编写了包括防治干旱风沙在内，涵盖广义水土流失的具有我国特点的《水土保持学》。1958年末在内蒙古呼和浩特开过西北六省区治沙会议后，我又奉命带学生参加榆林沙区建站和调查研究工作；在祖国的西北从1954年我第一次陪进修教师做过芹河乡的生产规划后，就深爱上这个有“小北京”爱称的榆林城，霍、霍、刘前后三任书记，王彦成老专员和地县农林水利的有关部门干部、劳动模范和生产能手对我们的支持和帮助。此次建站在牛家梁，工作开展很顺利，会上由县水利局王局长作了工作报告，突出成就是榆西渠的建成大规模引进樟子松，现在仍以独特的景观展示在冀西沙荒及其边缘。当年在新疆乌鲁木齐开总结报告会，借刘慎谔老学长的威望，得由乌鲁木齐，跨天山直达库尔勒的公路尚未正式通车，往返两次横断天山林区，继而又驱车北上进入准格尔大沙漠，到白碱海子。真是：“一步登天，飘飘欲仙”。会后又在北京老香山饭店开学术报告会，县王局长坚持让我代表榆林发言，虽事出意外，发言的前半着重介绍县

六省区治沙点榆林站（中立者为原林业部部长助理张纪光，后为华北农业机械化学院书记，已故）

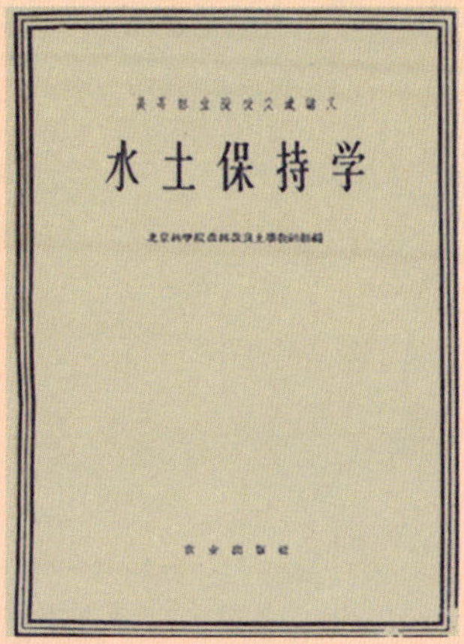

《水土保持学》封面

刘书记亲自写出的《榆林治沙》一书中的突出经验，后半虽就陕北防护林的总体提出初步设想和希望，无人反对，但也未引起重视。1959年有人借“五查四化”进行所谓的“教育革命”之机，“拔白旗”动员青年师生，狠批了“立地条件类型和造林类型的研究”，并在当时的《林业科学》登载批判我学术思想的综合性结论的文章。1960年院领导主动纠偏，并让我写一篇纠偏的底稿，以学院的名义，发表在同一学报上，怎奈年前我已被选为《林业科学》副主编，等于自己给自己纠偏，是人为的笑话！婉辞未办。但我遵守接受批判时的诺言，直到今天，在立地条件类型的研究上，未再发表继续的研究成果。这一年，在科学界仍在争论水土保持是不是一门科学时，《水土保持学》作为我国高等院校统编教材，如期出版。我们主持的“华北山地利用和水土保持的研究”需要的考察经费，均由各省区慷慨承担。20万元虽未落实，但已拨到手的2万元科研经费，归我独占；选定我院妙峰山实验林场的拉拉水沟为定位试验基地，开始了泥石流定位跟踪监测预报工作。三年困

陕西榆林半荒漠化地貌改良前后对比

青海共和县风沙与林带对抗，林带前缘星月形沙丘在发展（董光荣 摄）

难时期，我们始终未离开北方，尤其是在西北的老少边穷的山沙地区，师生在一起：贯彻教学、科研和完成生产规划任务于一体的学风，培养师生独立完成实际工作的能力。终于取得以土地类型（地块）为基础，两张图、一张表；制定所在地区防灾减灾、发展生产的规划工作。但确实限于思想水平，不仅开始理解到个人再有本事也是极为渺小和微不足道的；因而即使施展出浑身解数，也完不成承担的全部科研任务。而更直接造成损害生产的现实，例如直接反映到晋冀两省领导，原意是“羊为林让路，林为牧开源”。在汇报时，过于激动，说成“一头山羊，四个小铁镐，一群山羊，几百个镐，满山遍野跑……” 导致河北省领导下令，被解释为“枪毙山羊”；山西省领导也明令限制山羊，以致昔阳大寨，把山羊赶奔于狼窝掌，自消自灭。1962年夏在北京，稍有喘息的机遇，到我最熟悉的怀柔琉璃庙，想复查些生产情况，晚饭是一碗“傀儡”，咬开一吃，却是羊肉“傀儡”！正在到处浮肿困扰之时，尝到羊肉，颇感奇香，向他们表示谢意，一位老友却说：“依你要把山羊全枪毙了，你也吃不上这碗‘傀儡’了！”自古以农立国，万千年来培育出来的东方思维，甘愿汗滴禾下土，生产出粮菜油肉，让更多的人吃饱吃好。远比粮食生产有余，宁可弃之于海也不给穷人吃的思想境界，就略高一个层次。

正在困惑之时，1965年冬至1966年春受命参加甘肃省庆阳地区两轮“社教”；得到暂时喘息反思自己，认识到机遇可遇而不可求，抓住机遇只是开始，成功和失败均等，即使初步成功，其中仍蕴藏着今后的失败；体会到山区建设和水土保持科学研究及工作，要从静态的“因地制宜，因害设防”的基础上，提高到“顺势利导、趁时求成”的动态阶段。小试于当时的驿马公社城关和北胡同大队，迄今仍有踪迹可寻。也恰是事物动态进展中和机遇交织的现实，思想上有所进步，促使我在现地正式申请加入中国共产党，经社教工作组党组讨论通过后，因系高级知识分子，需报中央统战部。

甘肃庆阳社教照片

第三回

“天网恢恢，疏而不漏”

(1966—1972)

1966年4月初即到京西清水河蹲点；6月1日由院派来一辆大卡车，下来几个学生，不容分说，装上我用的资料文件、标本仪器和行李；被两个学生，以“押解”的形象，回院闹革命。6月2日人民日报公布了“炮打司令部”的社论，西邻清华大学上午揪出梁思成老学长，下午我就很“光荣”被揪出，原认为是历史问题，但被指定既是历史反革命，又是“反动学术权威”；我认为学术权威应在教授以上，而我当时仍是副教授，希望去北大、清华核查？革命小将还真去了清华大学，据知我的水利学科的老学长说：“他，我认识，是否反动不清楚，但学术权威还差一大截……”革命小将可爱之处，在于如实告我，并且正式告我："清华是清华，在北京林学院你就是反动学术权威，又是历史反革命。"回到家中后多次被抄家，来的是附近中学和本院一二年级学生；等于要什么拿什么……于是我就较为特殊，在"史无前例"的大运动中，被揪出最早，落实政策最晚，但很幸运，拖延多年的历史问题得以查清，对监管我的专案组，也都曾是我的学生，仍愿对他们表示由衷的感谢。

1968年2月14日，海军毛泽东思想宣传队进驻。8月15日，第二批军宣队进驻。8月21日，由房修一公司200人组成北京市工人毛泽东思想宣传工作队进驻。8月工宣队、军宣队"清队"+"审干"，成立了"专政队"，被专政的对象集中住进"牛棚"。我在压平操场中几个篮球场承担了不折不扣的重体力劳动，私心窃喜。某日下午被揪出单独批斗（多次陪斗，已有经验），在途中被告诫不许抬头看人，只许低头交代！进入小屋人多，满身大汗。低头听来听去，是为"打桥牌"事，交代："我不会打桥牌……"吼曰："胡说！"交代："我确不会，我院姓关的，共有三人，除我之外，还有关毓秀和关玉宓…… "几位主持人低声商量几句，断吼："滚！"揪我去的小将又把我揪出小屋，却对我一笑，同时小屋也一阵狂笑，但迄今仍担心是否给另两位关老招来了麻烦？另一次"牛棚"训话："今后只给生活费，每人自报每月生活费需要多少，一般是15～17元"。唯我要"30元"。小将问："你为什么比别人多要一倍？"答："15元吃饭，15元抽烟卷。"过两天又训话："决定给你们牛鬼蛇神每月发生活费30元。"事后，小将个别对我说："你还比较实事求是……"但马上又划清界限："你们是牛鬼蛇神，不能认为是表扬"，相视一笑。

开始“大串（窜）联”之后，过一段时间，又一次以“上蹿下跳”为主题的批斗会：内容是革命小将某晚大串联到山西西山的某一水保站，叫门不开，说清是北林水保专业的，进一步答对最老的教师是谁之后，才开门受到热情款待。问我是用什么手段，骗取基层信任的？我交代：“可能是老师们在那里做过工作。你们吃完交粮票了吗？”“当然交了！”我说：“要是我，可能又忘了”，相互大笑，批斗会上也有“温暖”。盛夏某日晚饭后被“假释”回家，次日中午找我归队，见我又满头大汗在酣睡，被小将推醒，训斥曰：“运动搞了你一年多，还没触及你的‘灵魂’！”当红卫兵准备冲中南海时，我校“劳改队”提前到西门（府右街）搭席棚，听群众议论是“揪刘火线”！始悟运动的“严重性”和“长期性”。心静自然凉，专心学一些有关半导体知识；麦秋到南郊大红门红星农场收麦子，老百姓放假，一奇也！

1969年盛夏，我陪最后一批“牛鬼蛇神”出棚，到群众中接受审查批判。52班以舒田同学为主的，主张要把“水保专业”改成“机械专业”，要我表态，我说：“水土保持是新生事物，我没把水土保持专业办好，罪该万死；水土保持专业不能改。”被批为：“死不改悔的水保派”；但舒田同学毕业后留在云南东川中学教物理多年，确很有成就。

1969年11月28日第一批被押解第一次乘专列直奔昆明，换卡车驶往新平新一林场。来到西南的原始林区，内心激动，但不敢流露；担心从未接触过林区生活的“老伴”，却出乎意外地顶住了，而且生活得很愉快！从表面上分配给我的工作是烧开水、修路、采伐、刮树皮，实质上是在满洲森林植物区系—日本全国森林植物区系—中国北方的森林植物区系的已有基础上，步入西南森林植物区系的新天地。并和当时的劳动模范杨师傅一起秘密地研究了无动力钢索运材。1970年5月集中搬到丽江，托老婆的福，住白华村；借帮厨、打柴劈柴、买菜之便，直到1972年春又搬到下关办学为止，可用大部分时间在“四方街”的茶馆中，看书、采购（标本）和社会调查；现在仍难忘朝夕相处两年多的房东，尤其是他们的小女儿“小阿三”！深愿她和她家在地震中平安！1971年林彪叛国飞死异域，同年夏云南省革委会同意在下关办云南林学院，秋11月建立起教育革命实践小分队，得由丽江直上小中甸，亲过怀念已久丽江云杉树高超过50米的丰产林地，以及沿途的天然林区，突出的是乔木大材的高山栎，其生长远优于1991年以后亲自调查的甘南白龙江上游的高山栎天然林。1972年春节后，由丽江搬到下关，住文献村。开始接触地处寻甸云南农学院森林系和亚热系，夏和李时荣去调查小江流域泥石流。得获有较长时段亲自大面积调查研究泥石流的机遇，尤其是去时乘火车，过老干沟的一刹那，直观突感遇雨要发生泥石流，当晚有雨，暴发泥石流，冲

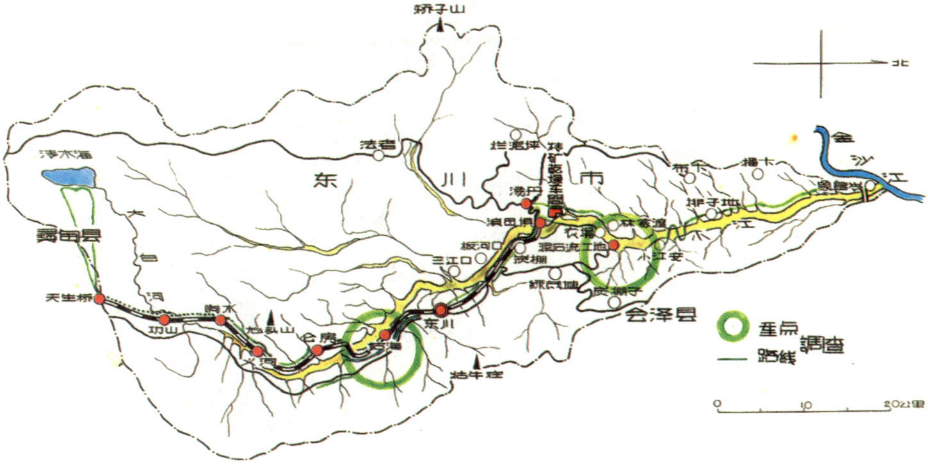

金沙江上游的一个支流：小江（关君蔚院士手稿）

云南省昆明市东川区规模最大的大白泥泥石流（1972 年）

和积建，孙立达在西双版纳橄榄坝

断铁路。感动陪我同去的李时荣同志，花了一个多月的时间，对小江流域的泥石流进行了全面考察，收获实多，终生难忘。

1973年旧历春节前，与孙立达、和积建去西双版纳，又一次得有机会按自己的想法，组织了这次科研活动，去时以林业（实际是华南橡胶）建设兵团的名义，目标是橄榄坝热带植物研究所，回来则经地方政府，在去橄榄坝途中远望山峰分水岭脊有一株老松树的孤立木，到热带植物研究所问当时还很年轻的裴同志，据说可能是海岛松，又一次想及20世纪20年代，起源于日本的“赤松亡国论”，实质上是对林学中在当时基础理论“恒续林”并不完整的现实物证。更大的收获是初步对我国西南林区从旱季较为明显的热带雨林，一直到另一寒极的高寒冰川雪地的认识，极为初步，但属总体的景观面貌。

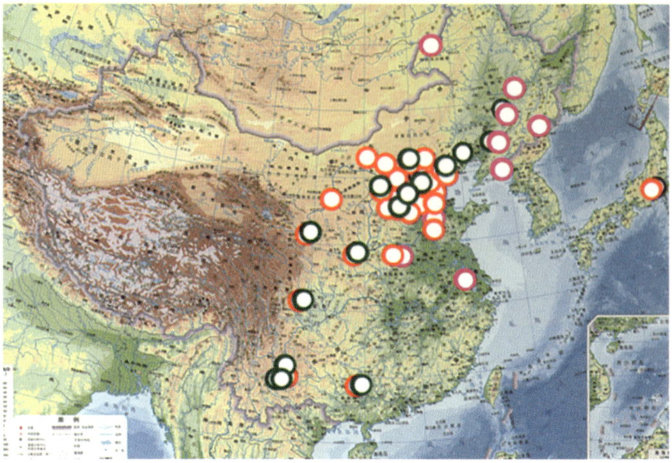

第四回

南北两栖，拉练教学

(1973—1977)

1973年2月15日，云南省科教局革委会紧急通知速迁“楸木园”，改称“云南林学院”。当时要在“敦仁”设汽车、火车的转运点；我院核心组紧急找到我：“派你到敦仁点当挂名的负责人：带上书去看，吃饭实报实销，不管搬迁的具体事，但必须蹲在点上，搬迁不完不许离开！”我说：“每月报销250元，保证完成任务！”原云南农大森林系的徐永椿教授在座，事后多方探讯，北林的关副教授神精上是否有点那个……

同年10月沿袭原来学校面向全国招生的级别，录取来自全国的第一届工农兵学员，来院报到，被指定承担林业专业的“水土保持学”的教学任务。“牛鬼蛇神”怎么给革命小将上课，确有顾虑。等到课堂上一看这些工农兵学员的穿戴比我年轻的时候还时髦。教学实习做“温泉公社规划”。当展现出航摄像片时，未用立体镜，当地生产队的农村青年，立即指出“龙山”、“凤山”和自己生产队的所在位置；师生都受到启迪。实践证明，学员的求知欲特强，尊师的传统积习仍在，也为教师树立了信心。当时在温泉招待所院内正准备开四国三方会议，恰好我院试制杀虫烟雾弹误落在他们院内，惹了祸。让我去疏通，说明是灭蚊的，歪打正着，说好将来开会，由我们提供灭蚊烟弹。后因大会未开成，但我已成免费洗温泉的常客了。来自全国各省的新生，包括云南农大热林系的学生在内，都愿意假“以生产带教学”和所谓“学朝阳”的机会，以到北方选教学实习基地为名，到北方做准备工作。阎树文、罗又青、关君蔚和河南省水利厅黑所长，共同谈好与洛阳林校合作办教学基地，当晚另一派夺权，凌晨打电话让我们快离开洛阳，在火车站前，看见一个庞大的宣传牌子上写一句毛主席语录：“几个苍蝇嗡嗡叫……”我们要在此登上火车回北京，看来看去，不知是谁，悄声说了一句：“四个苍蝇……”。“大丈夫有泪不轻弹”，几个人都目视远方，有的已含泪盈眶。当时林业部已并入农业部，不敢去找，水利部教育司又认为跨部有困难。正如前述，在走投无路之时，有关各省市专地县“社”、“队”的鼎力支持，其中涉及当时“三派”即对立的两派和“逍遥派”，早期毕业同学的拼命支持，当前他们几代都早已离退休，永远不应忘记他（她）们。准备工作完成，工作地点设在河北省新乐县的南化林场；教学基地设在河北正定县、山西河曲县和陕北。

1973和1974两年全国招收的大部分学员来自北方，我得以开始南北两栖，拉练教学，前后四年，师生百余人，迄今我们都在怀念和感激上述当时的河北省委、农办、农学院，尤其是省林业厅、省林专、省林科所、石家庄地区、正定县、南化林场；山西省委、农办、水利厅、吕梁地区、离山水保所、河曲县、省林业厅、省林科所、太谷林专、榆次地区、曲阳县、寿阳县、昔阳县和大寨大队；陕西省水利水保厅及其所属的水保所站，省林业厅、延安、绥德、榆林地区林业局和治沙站，西北农学院、西北师范大学、西北大学地理系、陕西水专和林专；甘肃省、河南省、辽宁省等有关方面雪中送炭之情。在我们最困难时，正定县粮食局将饲料粮中的细粮（母畜产仔用），换给我们吃了；河曲县粮食局："云南林学院在我们这个穷县，一住几个月，作甚?"在山西，太谷农学院在中秋节上至院长、书记，下到司机，忙了几天（困难重重）给我们师生每人弄到一份节日的月饼！（1997年2月19日早9时我打印到此，仍忍不住流泪）中国就是好人多，而且不仅限于我院历届毕业师生及其所在的关系单位。例如在南化，为了让学员吃饱，老师们曾跨地区到保定地区私买议价白薯，返程被当时与我们毫无关系，更不相识的警卫查出被扣，在老师们说明情况后，被算作赠送，还给添了些白薯后放行。也恰是东方思维的具体表现。

提起新乐、南化林场，早在1950年建场时当时的负责人（场长）黄枢、蔡云培和我几个人一起商量盖场房，一致同意建在沙荒现地，反对住大火炕！结论是盖一个东西向的"大仓库"，南北多开窗户，隔成小间，中间留一走路，冬天生三个大火炉取暖。建成后，省府为工作方便，将冀西沙荒造林局迁往石家庄市，原址就成为南化林场，每小间仅能放入两个双层木板床，挤住四人。我住一个木板床的下铺，赵开国老师睡我上铺；我一再检讨

"原设计"的错误，自作自受，开始正定县的根治沙荒基本农田建设的规划设计，不仅顺利完成教学和生产任务，并由县领导亲自让李滨生副教授选定400亩*赠与我院用作教学基地；而且就由这班同学，在极为困难的条件下利用该场闲置的电动机，反装成为发电机的技术革新，解决了全场晚间的照明问题。就在如此困难的条件下培养出来的这一阶段的毕业同学，不仅成为我院以至提升到林业大学的骨干，更都成为毕业后分配工作单位的一代骨干力量。

1976年春在河北省正定县沙荒做规划设计；后急返昆明，在工作上主持了当时的温泉公社的规划设计教学活动。夏在昔阳大寨开全国农田基本建设会议，得到通知，可在北京报到，突出要求填表有一项"历史上有无问题？"就此找到在京原书记王友琴领导，当时他的处境也很难，他考虑一下，建议我填写"历史清楚"。我由衷感激，他马上说："万一出问题，我可什么也不知道……"我已心领神会，保证不给领导添麻烦。我得以顺利乘专车到大寨开完这次大会；会后两个班又在大寨进行了现场教学和实习。

1976年周总理逝世，恰值我由太原过成都，早应新绿遍野，但只见满眼一片雪树银花，原是群众自发为悼念周恩来总理逝世用白纸装点了天府之国，就便找个小饭铺，提出要二两酒，掌柜亲自过来说："您是外地来的吧，为悼念总理，全市不卖酒！"我被感动含泪要了一碗面条，他也承诺后，转身也拭泪而去。五湖四海，偶然相逢：是瞬间一瞥，而记忆常新。次日去昆明的昆阳磷肥厂参与环境保护规划设计教学工作。完成后，急去山西省吉县城关公社东方红大队进行水土保持规划的教学工作，7月17日完成。暑假决心重写《水土保持原理》，住当时的西北农学院图书馆。完成了前半部

*1 亩 =1/15 公顷。

吉县隔山排水，创建基本农田

分。恰在此时，毛主席逝世，原拟和全院师生参加追悼大会，后被院领导留下，让参与另一个小会，据说有重要领导（后来知道是王任重同志）要来，并托我专门照顾辛树帜老校长。人到齐后，会一开始，辛老失声痛哭，体力不支，强扶辛老，并得青年协助退出会场陪送到家。会后又去山西吉县检查小规模跨流域引水的成果，在山区微型水利工程，一水多用，滴水归田，西南山区靠引水上山，创出千百万顷水稻田，早已为国际上所注视；西北地区水贵于油，就更突出重要。粉碎“四人帮”后，返云南在家赶编重写《水土保持原理》的后半部分。 同年7月做昆阳磷肥厂矿区污染防治的规划设计，时值石家庄、太原市、包头市，也包括首钢和昆钢，尤其是昆钢和昆阳磷肥厂均处于封闭或半封闭的小盆地之中，未见有现成的生产经验和科学研究成果。只好和当地地方和厂里有关技术人员共同做了比较深入的调查，取得各方同意，试做了以区域对流稀释磷毒的防护林体系建设规划，一直按计划，并加以扩展和提高，坚持执行到1980年。（以后中断了联系，2004年被约去

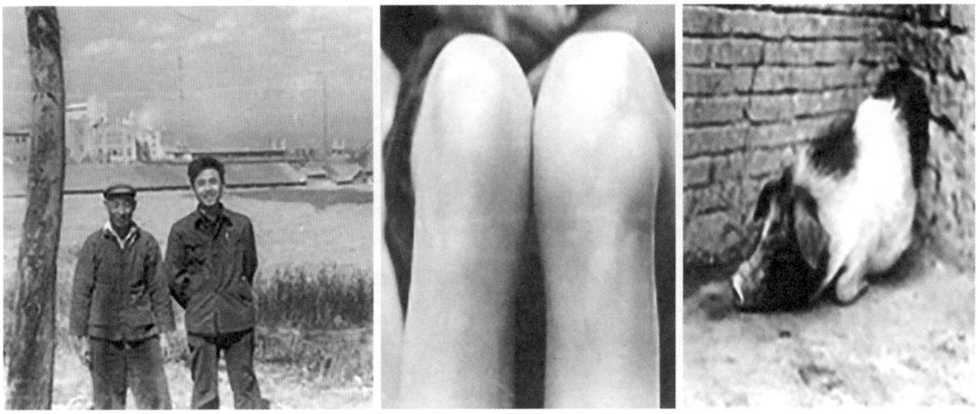

昆阳磷肥厂

云南农业大学，限于时间，仓促到磷肥厂大门口，故地重游，后续已拜托云南农大资源环境学院了）

1977年春我们在河北省遵化县沙石峪搞现场教学，开展山区建设和水土保持规划设计并参与做水土保持和基本农田建设工作。沙石峪的“千里万担一亩田”的现实成就，不仅教育了一代青年，教师们也深受启发和鼓舞。早在1950年9月在天津召开河北省首届劳模农展大会，被评为新中国最早的省林业劳模袁士珍仍健在，“千里万担一亩田”，不在于几条驴腿，马兰峪原始和人造松林与人造基本农田，使全体师生都对装点祖国山川树立了信心。又为西北沙区防护林体系思想，新疆小网格窄林带，河西的一路两沟四行树和青龙、绿龙和黄龙的综合思想，上了祁连山，集中精力于“祁连山水源涵养林的研究工作”。困难实多，内外交困，90%的精力用在“关系”方面了。感谢傅辉恩舍掉研究多年的小蠹虫，全力转向水源涵养林的研究，罗又青同志的大力支持和“阿唐”忘我工作。幸而在1986年，“森林涵养水

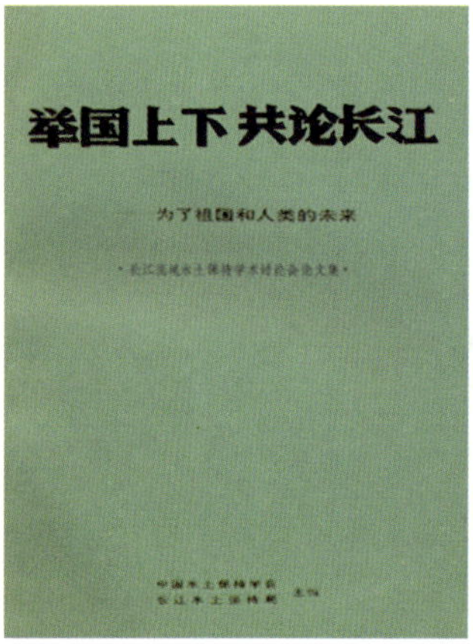

《举国上下共论长江》封面

祁连山暗针叶林

源机理的研究”成果发表在长江流域水土保持学术讨论会论文集《举国上下共论长江》。夏，奉当时在农林部当畜牧局局长罗玉川的命令，两去河西，目的是抢救沦落在甘肃河西大批原林业部和林业建设兵团的干部人才。第一次去就承被面告有利于恢复林业部，但还不能一步到位，先以扩大西北防护林林业建设范围，在西北找个地方（最好在西安），先建立一个部属的分支机构（即后来在银川建立的“三北”局），把这部分人才集中起来。我确实下了工夫，从兰州开始，当时省厅仍在瘫痪状态，只能靠早期毕业的同学串联了解，用了一个多月，从兰州过天祝，进入河西，深入祁连山，出林家大院的嘉峪关，直抵敦煌。直接和间接收集到散落到河西一带的林业技术人员20余人。首次由金张掖银武威的沙海大绿洲进入祁连山林区，恍如大西北的总体面貌，尽收眼底；如果说气候干旱和半干旱地区（按地带性的语言，相当于沙漠和沙地；就景观的语言，则相当于荒漠和半荒漠）能有自然林区的出现，是基于随地面高度的增加，气温有规律明显降低，降水量也有相应

新疆果子沟

增多，其结果气候趋向寒温带发展，出现以云冷杉为主的暗针叶林，应是理所当然的自然规律。所以，北起大兴安岭西部林区，过锡林浩特、林西的平地松林，河北围场塞罕坝，沿大青山、乌拉山、贺兰山、狼山，过景泰的一条山与兰州北部山地，就与河西走廊南山的冷龙岭相接。西出敦煌过柳园、星星峡，进入哈密，其北山俗称火焰山，是博格达山的东端，已是天山的余脉，向西直抵国境与哈萨克斯坦为邻；其中的高寒山地，面积大小不一，但络绎不绝均有以云冷杉为主的暗针叶林分布，终年不断地会有潺潺的清流，哺育其下的沙漠和戈壁。从严而论，我国确属干旱的沙漠戈壁地区，只限甘肃民勤以西，新疆叶尔羌河下游，即叶城以东的塔里木盆地（塔克拉玛干沙漠及其周边的浅山丘陵），所以，我国西北不宜简单地划为“风沙地区”，应该正视科学，厘定为“西北山沙地区”，其下可分为“干旱山沙地区”和“较为干旱山沙地区（或半干旱山沙地区）”。回到北京单独向当时还是畜牧局局长罗老汇报，说散落在河西的林业技术人员只找到20余人后，努力就强调祁连山林区应作为水源涵养林来经营的重要性，通俗化到祁连山的原始森林是一条青龙、巴丹吉林沙漠是一条黄龙，只有将“祁连山水源涵养林”经营好，营造防沙固沙林锁住黄龙，进而营造护田林网，才能保住金张掖银武威年年丰收的这条大绿龙。罗老耐心地听完我的汇报后，很无奈地说了一句，要是只为这20多人，也不会让你去跑这一趟了……但又怕我这个“书呆子”接受不了，于是赐昵称我为“老夫子”说：“老夫子，你说的三龙治河西的大道理全对，但是没有大批的技术骨干实现不了!”接着他又说：“窝在河西的技术干部要有二三百人，才差不多？老夫子，麻烦你再跑一趟……”见我面有难色，接着他解释：“这次只让你给李登瀛书记带去一封信，你去只是替我把我们的意图当面说清楚……”我仍很固执地要求顺便再去祁连山……他笑着表态说：“去几次都行，我见到你们的院长、书记替你打招呼。”第二次去很顺利，见到当时的李登瀛书记，听我说明来意后，他笑着说：“你能找到二十多人就不容易！这回我替你办……”并让秘书安排住处……我忙插话说要上祁连山，于是安排次日就去祁连山。在祁连山工作期间，得知柳园基地有用过废弃小型“风洞”设备，详细的知情人已调青海军区，动员我搭乘军车由祁连过青海湖去西宁进一步了解情况，我很愿意，即回兰州约见前秘书，得知事已办妥，并已直接回复罗玉川局长。我提出去青海的事，他笑着告诉我书记说了，山高路远，他不敢负责，只好先送你回北京。我也只好笑着问他，是否他还要把我“押送”到北京，面交罗局长，相视大笑。

夏，我正在陕北做正规招生工作，突然得知恢复了林业部（迁回和平里），并在山西运城开全国林业会议。我如期赶到会场，见到管会务的是杨德兴高工，县里容量不大，来开会的人又远超计划，带我去见梁昌武副部长，他说："既已来了，只好设法给他安排住处……"我抢着说："不用，我住资料室……"杨总接着说："可以，我知道他就是为资料来的！"就是这样厚着脸皮，不请自到参与许多生物、生态、农林牧副渔的多次有关的生产和学术会议。从1967年到1977年积累下来的大量的文献都在说明，即使在工资照发，不许工作的"革命气氛"中，宁可承担有被扣上"逍遥派"帽子的危险，仍愿凭"良心"做好所承担的本职工作；这也正是我国科学技术人员的特点，尽管这些资料的原作者多已退休或离世，仍愿保留作为这一时段的物证。

是年，开始筹备和策划"三北"防护林的建设工作。我从20世纪30年代就知道苏联大力推广护田林网，1940年归国任教于北京大学农学院森林系时，得就对苏联倡导的在护田林网的保护下的草田轮作制有了进一步的了解，其后发展成为斯大林改造自然计划。此时恰值中国革命最艰巨的时段。老友王林、黄枢等人也能在老解放区的晋北桑干河畔大营村，和当地老百姓一起营造出我国第一片具有现代科学基础的护田林网！随西北老区的巩固和发展，1948年前西北行政委员会在陕北榆林建立了防沙林场；1949年1月31日北平解放，立即筹组"林业部"，同年10月19日国家批准成立"林垦部"，林业与农业在内政上并肩作战，在国际上也是创新之举……同年冬就提出："封山育林、荒山造林、退耕还林、四旁植树和营造防护林为中心的新中国林业建设的总方针"。当时我在河北农学院任教；杨秀峰既是省主席又兼任院长，倡导师生参与老区建设工作，并促成1950年12月前政务院发布了"加强老革命根据地工作的指示"，全国老少边穷大部分山沙地区都得到以工代赈的补助，在风沙地区，则从冀西沙荒和永定河下游沙荒开始，并以官厅水库的兴建为中心，得以亲自从河北省坝上的沽源开始，基本上走完了海河流域，其中官厅以下到三家店以上，所谓官厅山峡，为确保京津安全曾带领北京林学院应届毕业班同学承担了由水利部委托的永定河山峡地区的山区建设和水土保持规划工作。如上榆林的西北防沙林场建成在先，又值当时的东北（也联合内蒙古）行政委员会为主提出并公布了："东北西部内蒙古东部防护林建设"的规划和实施计划，继之于后；当时的华北行政委员会于1952年夏组织了由王全茂和郝景盛研究员（相当于院士）带队的华北、内蒙古五省区防护林考察和规划工作，我参与了这项工作，11月26日完成，察哈尔省和平原省撤销后便成了三省区，但东起东北西部、内蒙古、华北北部和西北直抵新疆，我国半干旱、干旱缺林和少林地区，依靠现代科学的新成就，营造防护林，已成为我国的迫切需要！

以生物科学为基础的农林牧等生产事业的应用技术科学，相互之间具有密切难以分割的内在联系，并受自然环境的影响和制约，需要一门综合性极强，融合有关各部门和各学科的新课程。从1949年开始试讲以保持水土、防风治沙和护田林网为主要内容的我国的水土保持学。1952年院系调整，我被调入北京林学院，1961年主持编写并出版了以上述内容为主的《水土保持学》。其后曾被邀参加了革命老区建设委员会，参与1956—1967年全国农业发展纲要的研讨。1958年建立了水土保持专业，1982年建立了水土保持系，1966年和1996年两次主编涵盖上述主要内容的全国试用教材《水土保持原理》。1962年3月广州会议后不久，突被国务院指定为由谭震林副总理亲自主持的"山地利用和水土保持的研究"国家重点攻关项目的专家组成员。直接

我国西北、华北和东北的防护林科研工作取得十五项重要成果

北京林学院关君蔚教授多年来对石质山区泥石流的研究有独特的见解。他创立了泥石流预报、预测的设想和方法，论证了泥石流发生的条件和森林的效益，指出具有深根性树种的乔灌木复层异龄状龄林，能够根除泥石流发生的条件。

（据新华社新闻稿）

“泥石流运动规律及其防治途径的研究”获 1979 年科学大会奖

参与了聂荣臻副总理主持的1963—1972年科学技术发展规划工作，代表学校主持了西北黄土高原土地利用和水土保持攻关项目中的生物防治工程部分，和华北土石山区土地利用和水土保持攻关项目，并独立参与由中国科学院南京土壤研究所主持的专项课题：“石洪（泥石流）运动规律及其防治途径的研究”，获1978年全国科学大会奖，并被指定参加了大会。实际上当时仍处于中国革命又一次遇到困难的后期，有识之士从1977年就开始蕴藏建立“三北”防护林建设工程，1978年在国务院批准这项建设工程强调指出：“我国西北、华北和东北西部，风沙危害和水土流失十分严重，木料、燃料、肥料、饲料俱缺，农业生产低而不稳。大力种树种草，特别是有计划地营造带、片、网相结合的防护林体系，是改变这一地区农牧业生产条件的一项战略措施。”有幸在起步之初就曾参与其事，并受原林业部委托举办了五期高级研讨班，得和来自区“三北”地区的局、市、盟、县、旗领导和同行们反复讨论，编写出《我国防护林的林种和体系》讲义，作为研讨班的核心教材印行。可见，“三北”防护林体系建设工程的提出是具有其历史、生产实践和科学基础的。

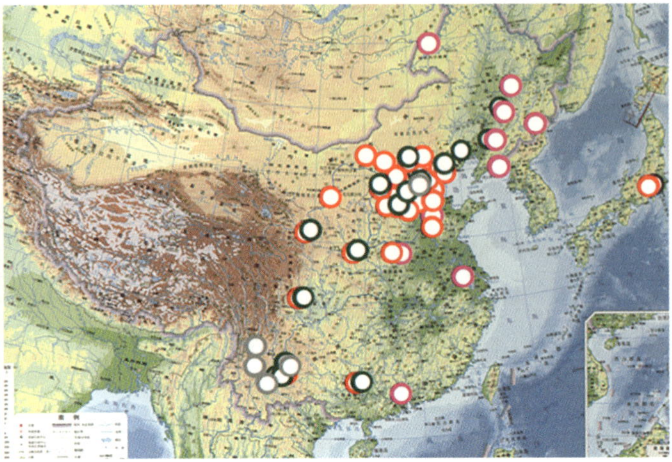

第五回

乍暖还寒的“早春天气”

(1978—1984)

1978年初，经中央批准，东北西部、华北北部和西北，简称“三北”防护林体系建设工程，在西安召开成立大会，会前我早已在西安，去机场接罗玉川部长，但下飞机的却是梁昌武副部长（得知罗部长突因眼疾入院，梁又对西北不熟悉）；弄得我也只能全力以赴，参与这项涉及九省区的宏伟工作；也正因其“宏伟”，一开始就引起国内外的注视和议论纷纭。而国际上更为敏感；《人民日报》曾用“绿色长城”来形容这一宏伟事业；当时英国泰晤士报的副主编亲来我国新华社专访此事，经林业部指定要我去接待； 我如实将实际情况，简要说明，他明确地指出，像这样大规模绿化工程，经济发达的国家也难做成，意在指出我们无此实力。我只能用婉转的方式说："我们的国歌里，有一句'把我们的血肉，筑成我们新的长城！'只要这个绿色长城能在我们8亿人民的心里，就一定能实现。"他受到感动，其后在国际舆论上一直帮我们宣传这一工程。在国内更因向全国人大常委会汇报时，用了一张不理想的示意图，引起地学和生物学界的老学长们的误解，甚至指责要在天山顶上搞护田林网？诸如好大喜功，得不偿失等等，从工作开始就承受多方指责和压力。但我们认为取得国家批准，确实来之不易；引起多方责难，只能从实践中逐步解决。仅从1979年到1983年就"三北"范围内的县领导和高级工程技术人员，就办过五期培训研讨班，共计培训842人。直到

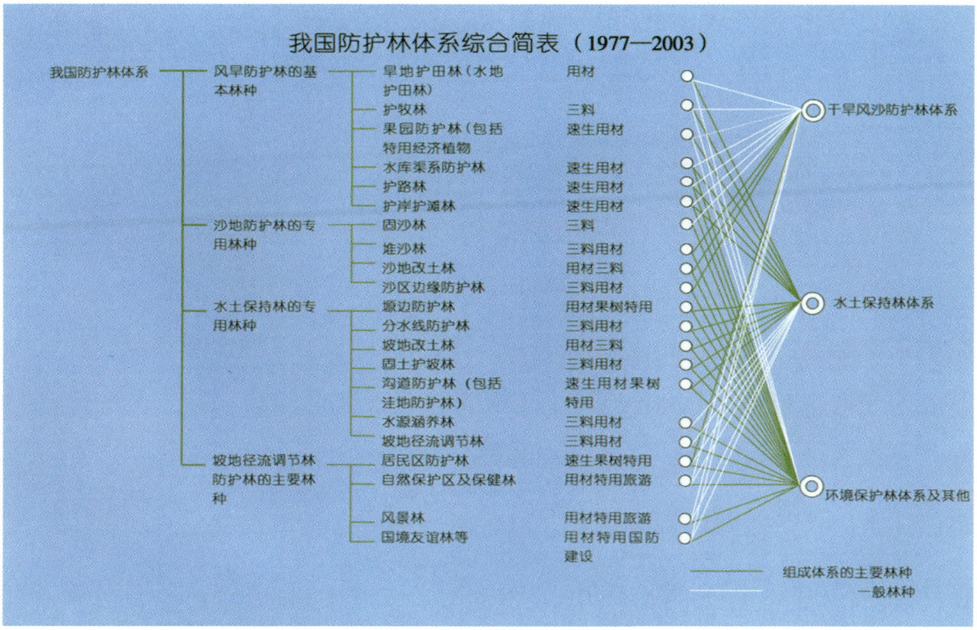

我国防护林体系综合简表（1977—2003）

1985年4月，由宋平主持“三北”防护林体系建设工程领导小组第三次会议后，第一期工程验收落实，才基本上取得国内外的公认。会后，林业部党组组织召开一次深入总结一期工程的预备会，通知我去参加，按时赶到，部领导都在，见我坐好，罗部长说，今天开个小规模的会再研究一下“三北”一期工程总结，会就开始了，一位副部长指我说：“老关，你先说。”因我当时还没入党，毫无参加“部党组会”的思想，随即发言：“这几年过来，真不容易，回想起来，真是一场混战，取得伟大的胜利！”全场大笑，罗部长急了，说：“这是开部的党组会，因你从一开始就参加了这项工作，才找你来参加……一场混战，怎么能取得伟大的胜利?”我笑着承认不知道是部党组会。会后，一位副部长和我说，他倒同意我的说法！20世纪90年代初，平原绿化、京津周围防护林体系建设工程、长江中上游防护林体系建设工程和沿海防护林体系建设工程相继启动；这在经济发达的国家或地区都难以大规模、有计划进行和坚持的生态工程，竟在我国，尤其是从最困难的“三北”地区开始建设防护林体系工程，起步后十多年，不仅没影响粮食生产和畜牧业的发展，反而取得了相应的“以林促牧，以牧支农”的实效。凡在认真建设的地方，人们已经生活和工作在绿荫环绕之中，荒山秃岭、风沙逼人的荒凉面貌，都已取得应有的改善。这一奇迹的出现不仅为举世所瞩目，更应引起我们的珍视和深思。我们认为：在最困难的条件下开始起步，是要经过长期的阵痛，但却是研究成果可靠性的标志。其规律是在极为困难的条件下，可以谋求成功；在较好的条件下，就更易于成功。平原绿化和长江中上游防护林体系建设工程，取得迅速优质的实效就是证明。

1978年2月中，得知：这是从1966年要“触及灵魂的大革命”之后，第一次又接到国家政府的正式开会通知，3月初参加全国科学大会。我认为是由云南林学院上报的，我曾提交的“石洪的运动规律及其防治途径的研究”成果，经终审通过，才让我参加大会的。这次大会为照顾到全国代表，通知可以在开会前三天报到，十多年了，得此机遇，激动万分，允许报到的第一天晚就去报到，很顺利被安排一个带客厅的套间里，隔壁单间住的就是当时云南省教育厅负责人（我当时理解为厅长）张贡臣（原籍山东，后来是云南林学院和北京林学院副院长）。正如前述，我对山东的老领导和大农业关系密切，对他很亲切，但他始终是冷淡的，只反复告我少出去，出去必须和他们先打招呼，我当时还天真地告诉他，能来开这次会不容易，不会出去……每天与他同来的两三个人，都会来看我几次，而我到隔壁，始终锁门无人，连续三晚，反复看过三次：《哥白尼》的原版电影，未遇到一个熟人！终于盼到开大会的第一天，听完小平同志的报告后，群情振奋，休息时得遇吴征镒、蔡希陶两位老学长，恰值当时仍是水稻专家的李铮友也在一起，敞开思想，痛述十年来的遭遇；当场都很激动，引起部分记者的注意，记得这个场面的黑白照片，曾在报纸上登载过。正在担心会议的前途时，简报上登出：“小平同志与部分代表座谈时，透露当时我国经济已临近崩溃的边缘……”顿时扭转发牢骚述苦难的大会气氛，转向共同探索如何抢救国家和民族于危机围困之中。恰在此时召开第二次全体大会，我被安排坐在人民大会堂三楼最犄角的热风进口上，会议中被一位记者发现，告我他已知我处境不方便，并帮我约好去西郊宾馆（或国务院一招），当时西北几省区的代表都住在那里，借清算过去旧事和旧账为名，可让我得到些真实情况。我当时仍在半信半疑，次日早确由张贡臣直接备车，单送我到西北几省代表的住地，受到老友新知的热烈欢迎，得知我被“软禁”，而且据说研究成果获奖，也非由云南林学院主动推荐，是因为国家有意识查找按计划完成的国家重点课题，查找到中国科学院南京土壤研究所，得见我的研究报告，也查知我在云南林学院，但在会上始终没看见我，经几位热心记者多方探查，才了解到我的处境。晚饭前遵“张贡臣厅长大人”的命令，回到“囚”我之地。由几位记者们的口中已知预备回昆明后，立即把我批倒斗臭，不得翻身。直到李铮友当了副省长，聘我为顾问，我始终未敢再回昆明！为避免连累我院的老领导，与我的学生，也是当时指定培养我入党的罗又青同志商量，一同躲上祁连山研究水源涵养林。躲过这场风波之后，某天夜睡不着，和罗闲聊，对好人和坏人的区分，我说已经活了多半辈子，只遇到一个坏人，其余都是好人。他认为与实际情况不符……我向他解释：“大公无私是一等好人，先公后私是二等好人，公私兼顾是三等好人，私没忘公是四等好人……”他急了，抢说：“那坏人呢?”我接着和他说：“损人利己还算好人，损人不利己才是坏人!”他倒笑了说：“你总胡说，我是组织也无法批你入党”；我和他说这个坏人就是“张贡臣”。此人虽已死去，仍愿直揭其：冒充省领导，为后世损人不利己者戒。其实罗已理解，并答应我，替我把我留在云南家里的东西搬回北京。但在1979年末我院被批准在肖庄原址办学，得查当年云南上报的原始文件，确有我的研究成果在内，但排在第二位，因而“张大厅长”不仅停留在“损人不利己”，进而更在挑动我院内部群众的无益纷争。人为万物之灵，虽是自封的，而与其他生物相比较，人类这个生物群体组成的社会，确实很复杂，不仅好人和坏人不易分清，正常人和神经病患者也没有明显的界限；尽管如此，在此提出涉及个人的小事，目的在于说明，就人类社会总体而言，现实证明疯魔、神经病、杀人狂、野心家、阴谋者，毕竟是少数，全国10多亿人，推而广之全世界50多亿人口，就是好人多，这恰是人类的希望所在。此次全国科学大会的召开，实证祖国前途光明，但消除后遗症和干扰尚需时日，正和早春天气相似，乍暖还寒。

这一年是我们北方办学最困难的时期，在全国“农业学大寨”的高潮中，敢于带领从云南来的两班学生到大寨进行了现场教学。缅忆早在1957年夏为了符合我院当时从兼顾西北走向华北地区和西北地区并重的设想；并受官厅水库周边怀来盆地黄土丘陵的启示，目的想在距北京较近的地方，找一块黄土丘陵连片较大的地方用作教学实习基地，为此考察过寿阳、平定和昔阳，时值陈永贵任队长，主要由贾承让、贾进才陪我看了一天，因全部是土石山地，山高坡陡，比京郊山地更为严酷。对石埂梯田的修建，尤其是用铁锤打石头，并看到进才同志的实地示范，收获很大。因无大面积黄土分布，当晚和他们说清原委，即转赴山西，后来落实离石。总算在全国号召“农业学大寨”之前，访问过大寨，曾经陈永贵亲自安排过，见面只能叫他“老陈”，而不称“总理”，而且吃住都在一孔窑洞。当然这与中央几个有关部门和山西省委等领导，尤其是农委刘开基介绍，也与分配到山西工作的、我校早期毕业学生的“吹嘘”有关。

党的十一届三中全会后，1979年3月2～15日共产主义青年团中央、林业部又在延安召开了全国青年造林大会，国务院副总理王任重到会，作了重要讲话。4日登宝塔山造了纪念林。

1980年冬在延安得电话通知要在兰州西固的宁卧庄召开全国农业现代化会议；我赶去时是“水保郎”（脸黑、脚臭、胡子长……）的打扮，在宁卧庄的门口，因记不清是哪一个门，来回走了几趟，引起门口警卫的注意，我被“揪”到传达室，我问是不是宁卧庄？他们警惕性很高，就是不说，反逼我要介绍信，而我又在延安接电话通知而来没有带介绍信……接受了检查后，请来他们的领导，我才能把要参加中央几个部联合召开的全国农业现代化会议情况说明，这位领导仍半信半疑，用电话与会务组联系后，才见林业建设兵团的副总指挥吕润同志出来把我带进了会场。（20世纪七八十年代北方各省在挂明确招牌的省委和省政府招待所外，都还有一个门外无任何标识的招待所，甘肃是宁卧庄，陕西是丈八沟，河北是小白楼……）机遇又碰上了“神精呆痴”的我，因坚持灌木的重要性，无林少林地区要乔木、灌木和草一齐上，草灌乔相结合；尤其是发表：“发展燃料林是实现农业现代化的关键”一文而一炮而中的；会上决定黄土区一个县归北京林学院主持；而治沙的一个县旗归林科院主持。回北京后治沙的老师说我把“治沙”出卖了；而“燃料林”又受到了围攻，说是标新立异，“薪炭林”古已有之，日本也叫薪炭林吗！“在林学院教书，却不知森林为何物？”甚至说：“用森林生产烧柴是毁林专家！”并在山西（可能是壶关）开了一次“批斗”我的学术讨论会，我未敢去；会后，我和参加这次会议的周克同志上了同心的小罗山，他坐在一片骆驼刺的空地上，让我给他照一张相；站起来他说：“在会上只我一个人支持了你，但是……”指一下骆驼刺说：“咱们方才在森林里照了一张相，我心里也有点那个……”，相视大笑！同年7月在承德召开了华北、东北地区水土保持科学技术讨论会，总算把1962年由北京林学院主持的国家重点课题“华北山地利用和水土保持的研究”作个交代。并以此为基础，在全国农业资源展览会的土地资源部分中，主持了“山区建设和水土保

去日本作学术报告

持”（图片展览），成为农业展览馆纳入长期保存部分，并曾在日本展出。

1981年 黄河水利委员会在山西离石举办水土保持研讨班，试讲新编《水土保持原理》新稿，并承印发讲义。1982年春，“乔、灌、草相结合，可以防御风沙”由China Daily 于1982年4月16日发表。同年6月7～27日，中国林业技术交流代表团去日本考察，将近40年，故地重游，幸原留学时的部分老师和同学仍健在，公开申明希望能将阔别49年的专业资料带回去，考察路线大致与原毕业实习相同，虽仅21天，丰收而归；日方在《森林与国民》（1982 No.2），以“中国的森林与林业”刊文介绍此行；国内则于1982年7月，以“中国林业技术交流代表团去日本考察汇报” 编入林业部外事司科学技术考察汇编。 回国后在承德地区水利局刘爱国局长的支持下，得以召开华北、东北地区水土保持科学技术讨论会，勉强就原承担的国家重点科研攻关项目汇总一番；当时的承德离宫荒草斜阳，“唯有西山终不改，空有落花逐马蹄”，与会人员部分也是劫后余生，但总算有个交代。8月20日参加在北京京丰宾馆召开的全国第四次水土保持工作会议。9月参加中国林学会第五次代表大会天津争来个理事。秋末冬初在四川成都的锦江饭店参加中国大百科全书“关于水土保持科学的探讨”的关键会议；会议结束后，才发现结账时漏掉了参会的替我在华南指导毕业设计的张洪江老师（当时还是助教，锦江饭店的房价和北京饭店的房价相当，让他自掏腰包，付了高昂的房费）。

1983年春，去广西柳州开全国农业开发会议，会后有意识地组织2～3人去大瑶山、融水，畅游广西的九万大山，收获奇多。5月第五期“三北”培训班毕业，平均已为每个重点省、区、市、地、县、旗培养3～5人，每年秋冬春，结合中心工作都举办相应的培训班，陕、甘、宁、晋（山西为主）几省更为重视：尽管初期工作并不理想，但从根本上扭转了“三北”成林困难，多年造林不见林的局面。1985年4月25～27日，宋平同志亲自主持在石家庄的河北宾馆召开了“三北”防护林体系建设工程领导小组第三次会议。已经实践证明，随工程的进展，取得了涉及工程范围内的森林覆盖率的显著增加的成就。与此同时，祁连山水源涵养林的重要性得到会议的初步重视；促

1984年8月，陪原农业部副部长蔡子伟作为西北黄土高原建立草场基地老政协的专项考察项目在甘肃渭源县与种草专家王书香女士合影留念（右四为蔡子伟）老部长

进了山西省“人祖山（尧山）”、吉县浠水河水源涵养林研究基地上马。但毫无认为工作完整无缺的意识，例如在培训的初期，由省选派入学的学员，包括一些待退的老年基层领导，限于我的思想水平，为鼓舞学习情绪，在课堂上，确实公开讲过：“本来学水保要学四年，你们都是领导工作忙，但实际经验多，虽只两个月，只要用心学习，会高于大学毕业……”误导个别同志，将大学本科用于申请离退休时的学历上，为所在的各级领导和学员带来不应有的麻烦。夏，重新编写“泥石流的预测和预报”第一报 基础（1983年6月20日）和第二报 预测 I、预测 II（1983年10月）。

1984年初夏与王玉杰带学生到八达岭教学实习。8月在山东泰安国家教委召开第二届博士点的审评；要求较为严格，是属少数重点补缺性质的。因我曾被误认为林学的“叛逆”，第一届评审没我，事后曾提过意见；这次安慰性地让我参加；更因我人缘欠佳，我院有投票权的三人，只一人参加；到会后始知，先要评学科，这是先决条件；用两小时，付出满头大汗；以水土保持原理为基础，农展馆的展览为实证，正在主持《中国大百科全书》和《中国农业百科全书》的水土保持部分为依据，论证了在中国水土保持学科体系的必要和重要。评审时我要回避，在半亩地大的小院里，度“分”如年，等到十二点半，始见他（她）们散会走出来。国家教委的一位女同志激动地和我握握手，我院评审会唯一有投票权的老学长，有些口吃，双手紧晃我的肩膀，一分多钟后，才说出一句话来：“……纪律，不能告诉你；走，吃饭！”但从他（她）们的目光里，我已察觉到，中国的水土保持学科体系已经建立起来了！

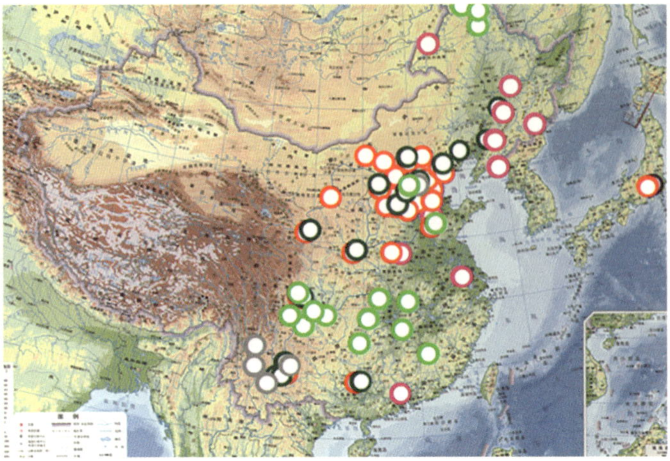

第六回

没有小平同志就没有今天的我

(1985—1990)

念念不忘，自认水源涵养用材林，应是防护林体系最根本、也是供应淡水资源的主要林种。1985年2月开始不担任教学行政任务，其实我一向从未以教学行政任务为主过，是失职。4月25～27日“三北”防护林体系建设工程领导小组第三次会议宋平主持，在石家庄的河北宾馆召开，会上力争，促成浠水河（吉县）基地上马。是年7月17～23日，世界粮食计划署在河北平山现地评估，我以援建的宁夏西吉为例，喻作大力士举重，而平山的山区建设，等于轻歌曼舞，就能完成工作；不仅当时顺利通过立项，三年后超额完成。实践证明，也是水源涵养用材林“世界粮食计划署平山评估”顺利通过。同年北京林学院改称北京林业大学。刘东生、关君蔚、田受衷、方宗岱“长江水资源开发和保护的重点在上游，而不是在三峡”的发言发表在《中国环境报》。关君蔚、李毅功、汪愚“‘三北’防护林体系建设工程”发表在《绿色长城——改革中的我国林业建设》国际森林年专刊（中国林业出版社，1985.6.24）。同年关君蔚、阎树文、孙立达“西吉县水土保持综合治理科学试验基地县技术经验的探讨”收入广西南宁全国山区开发学术会议文件汇编。关君蔚“中国西南的水土保持问题”（*The Problems of Soil and Water Conservation in South-west China*）收入《喜马拉雅—兴都库什开发治理国际会议论文集》。

宣誓入党

1985年我已68周岁，当时院、系、教研室主任大部分是我的学生，得以彻底解脱行政职务；一切正常，心情也轻松愉快。6月8日宣誓入党，得遂宿愿；能把我培养成为党员，证明了中国共产党的伟大。激动之余，扪心自问，我仍是个不够格的“预备”党员，我重新整理过去的68年扼要如上。老年入党的信息见报后，接到第一封信，是来自20世纪50年代参与治理泥石流的田寺村党支部，对我的支持和祝贺！从中获得了新的动力，也受到启发；按恩格斯的教导是，科学工作者接受共产主义思想，常是通过他所从事和研究的那门科学；用生物科学的语言，则是要认识自己的“层位”（niche）。6月18日当时中共中央总书记胡耀邦到黄龙山林业局视察前，在榆林给地委题词：“一定要把陕北大地变成乔灌草的绿色宝库。”在银川作报告时，提到读过由老友石山和杨廷秀转交给他的拙著《灌木的重要性》，得到他的肯定。

猛一抬头，已被现代科学的激流，甩到被淘汰的边缘！科学是实事求是的，只有急起直追；出乎自己意料之外的，是我们在多年探索中形成的水土流失的含义是土地生产力的损失和破坏。与国际上经多年反复讨论，厘定的荒漠化（desertification）的含义，殊途同归，不谋而合，深慰于心，并焕发出新的活力；再一次体会到人的主观能动性是具体而现实的。随水土保持学院的出现，长江中上游防护林体系建设和水土保持工作纳入国家的议事日程；诸多生态林业工程相继起步；防沙治沙和沙产业异军突起；尤其是防治荒漠化已成为全球和人类可持续发展的基础和保障。迫使水土保持学科体系必然向保持水土和防治荒漠化方向扩展已成定局。1989年水土保持学科被评为重点学科，承情同“雪中送炭”，获得国家资助科研经费2万元，除支付：“生态控制系统工程学导论”［*An Introduction to the Cybernetic Ecosystem Engineering*（CSCE）］、“关于生态农业的探讨——兼论东方思维（*Oriental Thought*）和绿色革命”、“我国的土地类型及其应用”三项科研成果的复制经费外，全部用于购置SONY小1/2录像机配套编辑机具和录像原带，不幸在拨款时2万元却变成1.5万元，涉及处理此项拨款上下各级领导又全是我曾教过的学生，经过将近十年才用我不多的工资，陆续还清此项旧账。幸而我周围几代人都取得超越于我的可喜成就；就在他们成就的基础上，我才有条件，不自量力，全力以赴，锐意创建：“生态控制系统工程”，一干就是二十多年。

早在全国科协建立的前身，即“全国科联”时期我就是学会工作的积极分子。在1986年6月中国科协召开第三次全国代表大会，我早已就是中国林学会的会员，而且是中国林学会水土保持专业委员会的发起人。于是在环境学会分会场上发了言之后，赶到林学会分会场又争取到一个发言机会；但据查我已不是中国林学会的会员了！什么时候？因为什么被开除的？到今天也不知道！幸而还是北京林学会的会员，阿弥陀佛……一笑。还有更大的笑话，“李鬼”调查李逵，新中国建国前，近百年闭关锁国，战乱频仍，科学滞后，晚清肇始留学东瀛，在林学方面，陈嵘、陈植、李相符、殷良弼、李泽民等老学长都名记在册。“九一八”东北沦陷后，1935年伪满学制改革成中学5年，并将张学良时期的“农林专科学校”改为沈阳农业大学，毕业前春假或暑假可到日本参观实习，当然留校后做助教，自然就能多次去日本参观实习。就学制而言，即使在沦陷的东北，也显著低于敌日系统的帝俄留下来的哈尔滨工业大学和日本侵入我国东北后建立起来的旅顺工业大学，甚至也低于大连工业专科学校。1986年7月中国林学会竟派一位这样的所谓的“留日李鬼”，假借中日友好之名，去调查关君蔚的学历是否可靠！虽有照片为证，但这位同行已离世多年，故隐其名。

早在1955年我国召开第一次全国水土保持会议上，就和当时与会的几位老学长共同提出过建立水土保持学会的建议，但未被列入议事日程。以后虽经多次反复提出，终未落实。1985年夏，由中国科学院在陕西武功的西北水土保持研究所召开了筹备成立中国水土保持学会会议，因不符合全国代表大会的规定未被批准。同年冬突得全国科协许可由北京申请的通知，限于时间仓促，取得北京林业大学的同意提出申请后，不久，科协学会部出面，科协的领导在场，专门召开了关于成立全国水土保持学会的审核会议，我代表申请方到会。会议开始，科协学会部就正式宣布纪律：“经慎重研究，关于水土保持学会已定两个方案，通知你来，只是让你选定一个方案。”并笑着对我说：“一提学会，你就没完没了，今天就要限制你向领导说一句，要哪一个方案，就散会！”她接着宣布：“第一方案是在中国林学会下成立一个水土保持专业委员会，已取得林学会同意，马上就批！第二个方案是独立建立全国水土保持学会，就要经过层层审批的复杂手续，遥遥无期……”我说：“听明白了，想提个问题？”她抢着说：“已有言在先，只要你表态，不谈问题……”当时科协的领导说：“让他把问题提出来……”我说：“北海公园旁边有个很好的国立图书馆，为什么我们学校还有一个图书馆？”领导听了一愣，学会部的同志替我说：“他的意思是两个都要！”我说：“对！就是这个意思。”全场都笑了，学会部的同志埋怨领导，不该让我发言，在场的两位领导低声商量一下对我说：“你先回去，我们再研究一下，然后会再通知你们。”我已预感到大有希望，翌年（1986年）两个愿望都已实现！在第一次全国代表大会上，由衷作了“水土保持工作者之家”述怀报告。同年参与承担的国家重点攻关科研项目——“宁夏西吉县的实践证明西北黄土高原五年黄土区水土流失综合治理研究”被誉为“把精彩的论文写在大地上”刊登在《北京日报》12月9日一版。12月12日，山东省水土保持学会成立，我去参加会议，会上得到当时山东省领导姜春云同志的接见。同年水土保持学科被评为国家重点学科。

作为1987年的大事，5月6日至6月21日，由早春干旱引起大兴安岭林区特大火灾。6月23日至7月23日参加大兴安岭灾区恢复生产重建家园考察，提交“参加大兴安岭灾区恢复生产重建家园考察工作的几点体会”（关君蔚、张洪江），纳入《大兴安岭特大火灾区恢复森林和生态环境考察报告汇编》（中国林业出版社）。同年8月12～14日在北京由国务院召开的大兴安岭灾区恢复生产重建家园领导组论证会议上，又提交了“人、水、林之间的关系——兼论在我国现代化建设中林业的地位和作用”。其后又曾几次再到这片独具一格的阿穆尔森林植物区系，更巩固了景观生态系统探索的

中国水土保持学会挂靠在北京林业大学

信心。恰在此时，6月4日晚，中国“‘三北’防护林体系建设工程”获联合国环境规划署颁发的联合国环境保护奖。

1988年4月国家计委在成都召开了“长江中上游防护林体系建设”审议会议。缅忆起1982年涉及四川、江西和湖南三省的大水灾，我认为应是长江的一次大水灾，据长江办公室派出陪同我们调查的两位学长却告诉我们只能作为四川省级的特大洪灾。其实赣南兴国的平江成灾也很严重，长岗乡水土保持实验站作为长江办公室的重点，全县也成为防护林体系的试点县。经前后两个月的调查，得到当时四川省领导（谭启龙、杨汝岱）的重视，尤其是重庆市林业局主动提出要营造重庆市的防护林体系；在此基础上正式提出长江中游防护林体系建设工程的建议上报中央国务院（当时是万里同志主持工作），虽因经费问题未批。但已引起长江中上游各省和长江办公室的重视，进而又恰逢淮河洪水冲毁板桥水库的惨痛教训，由国家计委牵头组织有关单位到现地经深入细致的调查研究，在成都召开了“长江中上游防护林体系建设”审议会议讨论后，纳入国家的议事日程，在质量和速度上，都成为我国几大防护林体系建设工程中的后起之秀。但这毫不意味着栽几棵树，

长江中上游防护林建设论文集组合图

随便造几片林，就能惠风和畅，细雨及时，根除风沙尘暴和洪涝灾害。只在减免自然灾害到一定程度而已！如以“三北”防护林体系建设工程为例，兴建至今已经二十多年，首都北京仍不时受到风沙尘暴和山洪暴发之害，但与新中国成立前相比较，春季外出上街，必须携带蒙头盖脸的“头巾”，今天基本上不再必要，尤其是雨季再遇特大暴雨，虽仍会有山洪暴发，不会再遭灾死人！同年对我国的绿色革命和东方思维有了较为系统的感知，整理出“关于‘生态农业’的探讨——兼论东方思维和绿色革命”一文，纳入农业部能源环保司主编的《生态农业学术讨论会论文集》。

1989年初整理出1988年由全国政协农林组组织的“内蒙古大兴安岭林区考察报告（讨论搞）”。同年夏贵州安顺长江学习班后到织金、毕节—泸州—重庆的录像行程。

“关于‘生态农业’的探讨——兼论东方思维和绿色革命”（关君蔚）收入1988年12月《全国山区优化开发综合治理研讨会论文集》。同年11月关于“八五”国家科研攻关计划预选项目——“生态工程”的补充说明和建议（关君蔚）收入《林业问题》1989No.4。1990年夏，亚运会在北京召开，时值怀柔长哨营和密云四合堂泥石流暴发，由中国水土保持学会组织灾情考察。“90年代林业科技发展展望座谈会发言”收入《世界林业研究》。“林水结合为祖国和未来增光——参加‘三江’水电考察的几点体会”收入《四川“三江”水电综合考察文集》。同年10月，“绿色长城——改革中的我国林业建设”（关君蔚）收入《中国大百科年鉴》。

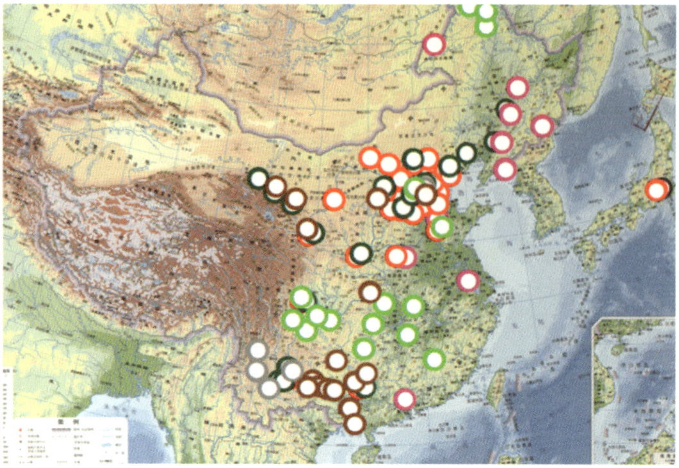

第七回

“缓退”加“赖在”导致“死去活来”

（1991—1994）

1991年我已74周岁了，因有些工作尚未结束，缓退三年。5月，中国科学技术协会召开第四次全国代表大会，幸而中国水土保持学会和中国林学会水土保持专业委员会都已分别于1986年及1987年成立，得以代表参加。9月陪水电部刘老过贵州去广西百色参与水电考察；得畅游南盘江上游贵州天生桥梯级水库，过广西隆林、田林，沿驮娘江直抵百色。过夜，转同林业局，再沿驮娘江溯源而上，畅游祖国西南岩溶特异风光，其动态远胜桂林。返京后又被将离开林业部的前部长杨钟同志指定再去广西北海研讨扶贫工作，行前曾议定扶贫要落实到富民，避免被县里借机挪作他用。经过较为深入、细微的调查后，陷入“富县的事情不能办，而富民的事情不能不办”的消极情绪中，经杨钟老领导及时指出：“修通公路就是搞山区经济的根本出路，同时普及电视，目的是引导我国山区人民学习全国各地的致富道路”，振聋发聩，终生难忘！深秋陪朱济藩去河西、武威禹贵民沙区防护林现场考察。

1992年在榆林现场成立治沙暨沙产业协会，在原西北林学院院长李广义老友的关怀下深入芹河乡、西沙、白城子……治沙暨沙产业协会成立后，参与杨珏副部长主持鉴定山西临汾经济型防护林。

1993年6月被约到四川秭归香溪上游的兴山泥石流鉴定，香溪是在长江西陵峡口下，相传西施浣纱之地；上游兴山一带属石灰岩区，泥石流暴发地点恰在供应石灰窑和小型水泥厂的采石场，现场表明是一场短兵相接，爆发力惊人，能造成毁灭性灾害的强烈泥石流！在县里只有一个半人（因一人还兼管小型水利）和一个工人，采用扦桩定位、人工定时巡查预报，极为简单的方法（20世纪50代开始曾试用于河北省承德水土保持试验站和北京市的一些山区）。在现场竟能在暴发前一分钟，命令工人抢救出停留在沟道里的最后一辆手推车！静观泥石流暴发，过后既无人畜伤亡，也丝毫未造成直接经济损失。鉴定后延用一天时间较为详细地核查了现场和定位巡视过程，收获甚大。结合在三峡库区发生的新滩，则是长江办公室经过多年多次反复勘察研究之后，定点建立观测站，用当前精密仪表，定位观测，同年夏也按先期预报，暴发了滑坡大泥石流！摧毁流经范围房屋田园，而所选定的观测站，屹立在泥石流的乱石滩中，毫发无损，堪称一绝。实践证明，泥石流是具有强大的破坏力，能造成毁灭性灾害；但它的发生是可以预见、预测和预报的。而造成终生最大遗憾，因在兴山多用了一天，又限当时的交通条件，以至于耽误了，从开始筹备就参与林业部主持的“93 · 5 · 5强沙尘暴”考察和对策探索工作，赶到兰州后得知此项考察已近后期，得省林业厅的特别关照，特派当时治沙办的高级工程师陪我，星夜赶赴山丹，沿途重点考察补课，得稍深入，当晚始与大队在武威会合，次日考察沙地动物园和银武威后同返兰州。此次“93 · 5 · 5强沙尘暴”来势凶狠，抵中卫戛然而止；引起多方注意，尤其是中国科学院在兰州的沙漠所，启动最早，作为重点，全力以赴，提供丰富的基础资料。在此基础上林业部着

93 · 5 · 5 强沙尘暴

重在灾后对策的探索方面，做后续工作，邀请甘肃省林业厅禹贵民副厅长主持，主要有“三北局”李建树局长、中国科学院兰州沙漠所赵兴梁研究员、中国林科院高尚武研究员（副手代替参加）等有关方面领导、科技人员和中央、地方的主要新闻单位记者一行三十多人。在兰州的总结会上由赵兴梁研究员代表发言，历史上我国西北的“尘暴”，多来自河西，沿长城直抵陕北，甚至可长趋袭过华北地区……此次界中卫戛然而止，实与新中国成立以来，尤其是“三北”防护林体系建设工程以来，宁夏、陕北取得较为全面系统的初步成就的现实有关。证明即使在受其袭击严重的河西走廊，凡是经过整治之处，也都取得相应明显的实效；相对而言，操之过急，逆天行事，遭到自然的惩罚，也比比皆是。经过讨论，一致认为极为干旱的荒漠和半荒漠地区，巧于利用极为珍稀的淡水资源，可以造成：“金张掖银武威”等沙漠中的“绿洲”，常被誉为“塞外江南”。但要注意，地在“塞外”，不在江南!即使按高标准完成“三北”防护林体系建设工程，节约用水，人工绿洲的面积和质量都会有所提高，但终非东北的三江平原和黄淮海平原，更不能成为江南鱼米之乡。此次“尘暴”未越沙坡头，并不意味今后东亚尘暴的绝迹（恰在几年后首都北京遭到“泥雨”……）。正确对待“三北”防护林体系建设工程的建成及其补充提高，只能靠科学在可能范围内，改善和提高我国西北干旱和半干旱地区生产生活条件而已。所谓造成终生最大遗憾，一方面是指我单程后赶大队，途中学习所得，未能充分和大家讨论。例如，草率修沙渠取水，安排回乡知识青年建“新绿洲”，“尘暴”过后，“新颜变旧貌”，使青年群体失去对未来的信心；精神和社会的损伤将十百倍大于经济损失！ 另一方面则是属于我的失误，促使日程过于紧凑，无暇扩展讨论范围，如对沙区的旅游事业等；尤其是会上有人随意将沙暴（sand storm）和尘暴（dust storm），在成因、性质和危害截然不同的科学术语，兴之所至，随意提出："沙尘暴"新名词，也未遑讨论修正就纳入总结文件，干扰学术界的正常开展，迄今仍内疚于心。

同年，作为博士点重点学科科研基金资助项目，分别发表了"治沙工程和沙产业"和"林业与水土流失"，刊载于《森林与全球生态环境》，1991年林业部科技情报中心转载于《中国林业报》，并被编入1992年《决策参考》。"关于我国水土保持学科体系的展望"被收入中国科学技术协会第四次全国代表大会学术活动论文汇编。1992年转载于中国水土保持学会第二次全国水土保持学术讨论会论文集。

"无官一身轻"，可以用更多的时间和精力参与实际工作。到山东淄博

榆林治沙国家级鉴定

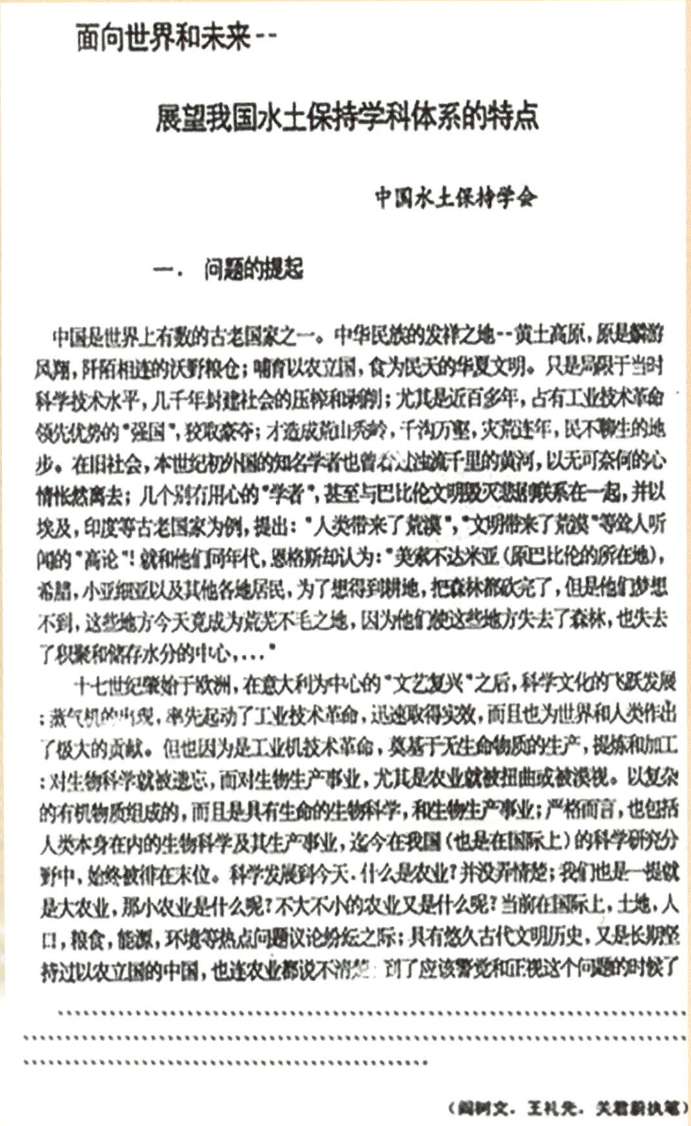

面向世界和未来--

展望我国水土保持学科体系的特点

中国水土保持学会

一． 问题的提起

中国是世界上有数的古老国家之一。中华民族的发祥之地--黄土高原，原是溯游风翔，阡陌相连的沃野粮仓；哺育以农立国，食为民天的华夏文明。只是局限于当时科学技术水平，几千年封建社会的压榨和剥削；尤其是近百多年，占有工业技术革命领先优势的"强国"，狡取豪夺；才造成荒山秃岭，千沟万壑，灾荒连年，民不聊生的地步。在旧社会，本世纪初外国的知名学者也曾公认浊流千里的黄河，以无可奈何的心情怅然离去；几个别有用心的"学者"，甚至与巴比伦文明毁灭悲剧联系在一起，并以埃及，印度等古老国家为例，提出："人类带来了荒漠"，"文明带来了荒漠"等耸人听闻的"高论"！就和他们同年代，恩格斯却认为："美索不达米亚（原巴比伦的所在地），希腊，小亚细亚以及其他各地居民，为了想得到耕地，把森林都砍完了，但是他们梦想不到，这些地方今天竟成为荒芜不毛之地，因为他们使这些地方失去了森林，也失去了积聚和储存水分的中心，...."

十七世纪肇始于欧洲，在意大利为中心的"文艺复兴"之后，科学文化的飞跃发展：蒸气机的出现，率先起动了工业技术革命，迅速取得实效，而且也为世界和人类作出了极大的贡献。但也因为是工业机技术革命，奠基于无生命物质的生产，提炼和加工：对生物科学就被遗忘，而对生物生产事业，尤其是农业就被扭曲或被误视。以复杂的有机物质组成的，而且是具有生命的生物科学，和生物生产事业；严格而言，也包括人类本身在内的生物科学及其生产事业，迄今在我国（也是在国际上）的科学研究分野中，始终被徘在末位。科学发展到今天，什么是农业？并没弄清楚；我们也是一提就是大农业，那小农业是什么呢？不大不小的农业又是什么呢？当前在国际上，土地，人口，粮食，能源，环境等热点问题议论纷纭之际；具有悠久古代文明历史，又是长期坚持过以农立国的中国，也连农业都说不清楚，到了应该警觉和正视这个问题的时候了

....

....

....

（阎树文、王礼先、关君蔚执笔）

"面向世界和未来——展望我国水土保持学科体系的特点

鉴定，第一次去东营。参加河北迁安生态农业（林业）学术会议。关君蔚、李杨等"安宁河流域生态林业设想的研究"收入1992年安宁河流域综合经济开发战略研究报告（中国能源研究会）。

1993年，参加王斌瑞的方山径流林业鉴定会及兰州全国第一次治沙会，会后被约到陕北榆林主持治沙典型县的正规鉴定。在1993年个人或与他人联合发表的论文有："中国的绿色革命"（《中国林业报》1993.1.19）；"治沙工程与沙业"，贺庆棠、关君蔚等（1993中国治沙工程暨沙业学会第一次国际学术讨论会论文集，中国治沙工程暨沙业

学会编）；“论荒漠化是我国走向世界和未来的心腹之患”，贺庆棠、王礼先、关君蔚、王贤、张克斌；“从93·5·5强沙尘暴中看到的问题和建议”，关君蔚；“中国防护林体系建设工程的现状及其展望”，关君蔚；“以县为单位防沙治沙工程动态跟踪监测预报的研究”，关君蔚；“关于我国水资源几个问题的探讨”（1993.11.05），关君蔚。

1994年，接收周泽福、任勇、包晓斌赖为博士生，欲罢不能。在1994年9月14日中国科协学术年会上与阎树文、王礼先联合执笔发表“面向世界和未来——展望我国水土保持学科体系的特点”一文。

1994年秋应中央电视台的约请，同去甘肃河西走廊现地拍制“东方之子”专题片栏目。

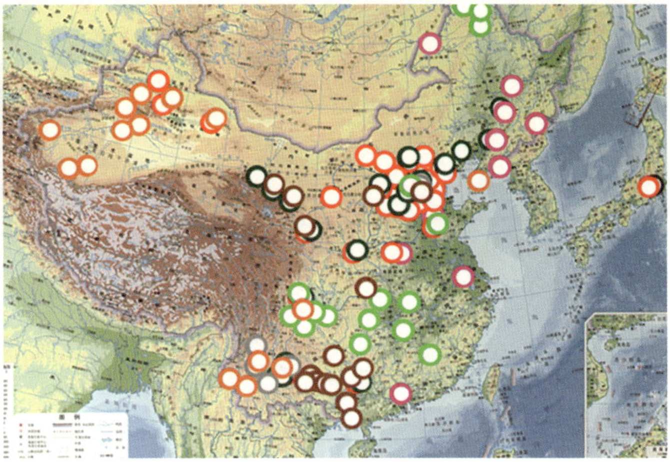

第八回

虽已近黄昏

（1995—1999）

1995年5月博士研究生包晓斌取得学位后，再无赖在恋栈的任何理由，立即办了退休手续，并申明结束外部有关事务和清理公私资料需两个月时间，得到组织特许。

其实5月已被评为“中国工程院院士”，但因简体的“关”被误写为“吴”，于是就成为吴君蔚……其间参与评审的南京林业大学王明庥老学长，曾是中国林学会的学术部长，来过我校，曾告我院领导，传出：“王部长曾来我院说关君蔚已评为中国工程院首届院士。”我得知后，特去当时的林业部，当面问王志宝副部长，他说根本不知此事，最近也未去北林！导致

6月17日参与在东单的国际荒漠化日（1995.6.17），香港彩照商家已知我被评为院士，我仍强辩绝无其事。幸而我的学生多，7月收到周游全国，从西北某水土保持单位，将（吴君蔚）被评为院士的通知，专用挂号几经辗转，始得到我手中。

不被推荐，是不能被评为院士的，机遇又只能可遇而不可求，机不可失，几年来曾被推荐过三次（包括科学院），又在师友的热情督促下，第四次被推荐；更逢到处年轻化的气氛中，经评审通过的希望一次比一次淡化；突被评取，确感突然；原想谢幕，又要加演，只能下定决心，闭门补课一年。希望活过1996年元旦，再完蛋！写出“学习科教兴国战略思想的心得和体会”向组织表明心态。1995年暑假，两院院士去革命摇篮井冈山休假时，在对文天祥的“人生自古谁无死，留得丹心照汗青”的豪言满怀崇敬的基础上，解脱到“光屁股来，光屁股走”的境界，总算取得了心平气和（见“革命摇篮纪行”1995.9 试编A带 [附]中国科学院、工程院部分院士来江西中央二台新闻简报）

于是参与了治山中心学术会议。继续完成北京市平谷、密云、延庆山区考察等。结合第五次全国水土保持会议进行了水土保持学会改选，会后去大连参加了水土保持学术会议，取得意外的收获。

1996年在赤峰参加了全国第二次治沙会议。这一年不幸雨季提前，密云四合堂、怀柔长哨营多处发生泥石流，我们组织进行了多次考查。也曾陪马玉槐老部长较为深入地探索了京津周围和河北沿海防护林。同年4月8日至5月1日首次参与中国工程院组织的资源金三角：四川考察部分工作。5月25～29日从兰州去河西走廊的石羊河现地录像，6月17～18日恰值国际荒漠化日，由中央一台“东方之子”播出。

其实早在1987年，原林业部绿化委员会工作的余志宏同志曾去过延安，回京后历陈延安在林业上取得的成就，才导致1996年8月22日，由当时的林业部部长徐有芳约建设部侯捷部长考察曾开过西北五省区造林大会的延安，由徐有芳确定三年投资40万，用以加强延安国家森林公园的建设。 我曾几次去过吐鲁番哈密绿洲，多年想认识塔克拉玛干大沙漠的风采，均未得实现，欣逢被约到库尔勒。同年9月8~15日 参与新疆塔克拉玛干大沙漠“沙漠油田基地环境观测与防沙绿化”先导试验研究成果鉴定，受益实多。横断大漠，举世尚无多人，沾沾窃喜之际，10月参与祁连山水源涵养林鉴定，实质上是变相宣布撤销已建立多年的寺大隆科学试验站，时过境迁，爱莫能助。

先期鉴定的沙漠公路生物防治沙漠试验区原图

沙漠公路过高大沙丘的专用汽车

积风走向和沙纹走向原是关君蔚在 20 世纪 40 年代初的创见，
终于在塔克拉玛干大沙漠中又得到了证实

关君蔚终于看到了塔中油田

这一年思想活动激烈，成文的有：学习“科教兴国”战略思想的心得和体会，1996年元旦（五稿）；淡水资源是维护人类持续发展的命脉——也是生物、农业的命脉，1996.6.10（三稿）；试论老、少、边、穷地区的稳定温饱——是我国可持续发展的基础和特点，1996.8.31（五稿）；新疆塔克拉玛干大沙漠纪行；试论老、少、边、穷地区的稳定温饱——是我国可持续发展的基础和特点（发言提纲）；“关于农林牧等生物学科的教育改革问题”教学制度必须改革。

这一年，也是自认一生的最大失误，在于已明知水土保持作为一门应用科学，不能再停留在“综合性科学”的原有的基础上，虽已察觉到系统科学的曙光；本应延期改编，再行面市，但私心杂念作祟，违心用作试用教材出版。终身有愧于心，明记于此，以求谅宥。

关君蔚院士与水土保持学科建设专集

1997年79岁，虚80岁，从零开始。2月20日小平同志逝世，“活着干，死了算”的教导，我虽不能至，而心向往之，愿沿此方向，走到人生之旅的终点站。5月由当时的校工会和水土保持学院为我组织了80岁学术纪念讨论会。会上我答谢词的重点，当然是感谢对我能活到80岁的祝贺，同时也是我的“追悼会”。会后由王礼先、王选珍任正、副主编和王斌瑞、孙立达、孙保平、朱金兆、李昌哲、吴斌、余新晓、周士威、胡汉斌、高志义、铁铮、阎树文、解明曙、慈龙骏、张洪江等人组成的编委会，北京林业大学学报执行编辑颜帅，责任编辑印嘉佑、李明志、胡涌、董晓燕、李文军等多方领导和旧友新知鼎力相助，才得以北京林业大学学报第19卷增刊1：“关君蔚院士与水土保持学科建设专集”出版。

应约参与由老友石玉林院士主

生态控制系统工程

持的中国科学院阜康开放站论证，缅忆起1959年开始探索西北六省区防沙治沙工作时，我曾被分配参与主持陕北沙区工作，陪刘老慎谔学长为新疆选定阜康为北疆的重点试验区，并指定我校早期毕业，当时已在区林业厅分管科教工作的金满庆高级工程师负责建点。初步建成后，转让成为中国科学院在北疆的试验区。过阜康驱车可直上博格达雪峰和天池。此次考察和论证，沿沟谷已成为榆树的福地，沙区残存的原始梭梭林得到了保护和林分质量的提高。配合雪峰直下的暗针叶林；举世独特的景观资源财富，已鲜明地反映出极大的潜力，深受启迪和教育。在此基础上继续参与中国工程院组织的资源金三角：贵州六盘水考察，得对祖国西南云、贵、川有了个轮括的整体概念。

1998年4月工程院“金三角”考察提交专题报告。适被早期培养

红军沿岷江溯源而上，沿途者幸有野生“红军粮”可食

遇上泥石流，停车六小时，遇老大娘提供晚餐

深夜抵金湖宾馆，冻中入睡

红军长征最艰苦的路

沿公路坐汽车过了雪山和草地

夜宿凉山宾馆，感慨万端

经过黄龙到了九寨沟，纵情欢呼

过的研究生，已在林科院工作多年的学科带头人周士威，和他的师弟李昌哲突然约我到他们在九龙山的试验基地聚会一天，我应约而去，只见周士威亲自下厨，做了一席丰富的筵席……实际上是周受癌的侵袭，已被宣告不久于人世，力争亲手给我做一顿饭，用作永别纪念。我毫无预感，约略记得，饭后还说过防沙治沙和水土保持形势大好，要他多去现地做实际工作。事隔多日，曾再问他是否到沙区工作？告我他已离开人世！白发人送黑发人，连个追悼会都未得参加，虽内疚于心，但新时代的师生关系，仍能得到慰藉。

这一年我已转成资深院士。应约参加科协主持的减灾防灾研讨会。陪张新时、慈龙骏再次去南疆考查，看过他们前半生辛勤科学研究取得的成果，深感来之不易。参与东川泥石流站开放评估，恰值降雨，得在观测站共同观测到多次延续暴发的泥石流。两院和国家林业局在西安丈八沟开西北黄土高原大农业开发会议……我院水土保持专业1966年毕业生牛云芬代表陕西省委出面接待，多年未见谋会后，畅叙离请，恰值当时我牙痛突出，未得实现，遗憾返京，到北医三院把牙全部拔掉。

20世纪最后一年（1999年）前后两次去云南参与“绿化生态谷”研讨会，虽体会到二十多年来西双版纳的翻天覆地的变化，但恰值省的主要领导失职后期，实际收获不大。同年夏随同中国科学院成都山地灾害与环境研究所再次去云南大盈江考察，返途再次详查小江泥石流，却丰收而归。是年又被约去山东长岛，再去费县（沂蒙山区），得以又深入一步掌握山东半岛的总体情况。夏参加松辽委长春—榆树—克山—拜泉考查。参加黄河委员会（郑州）黄河断流研讨会后去西安中游局，与原局长于卓德同房，欢谈彻夜，翌晨雨中漫游鲸鱼沟，黄土高原中一小片石质荒山，封育起来，只靠旅

结婚 50 周年在什刹海的西海留念

游，也养几户人家。结婚50周年，特去什刹海的西海摄影留念。

2000年应属20世纪末，还是21世纪初？在我仍未弄清楚，新中国成立后半个世纪，按习惯退休制度是几代人，但按人的寿命而言，基本上应属于一代而有余。如在林业系统，不仅是北有榆林，南有电白……其实，各有关部门都已取得丰富多彩的成就。春就被中国科学院约去综考于20世纪60年代在燕山北部的隆化县郊区建立试验区，取得丰饶的成果，仅郁金香球根的繁殖技术的创新，领先于全国。当然也有一些天方夜谭式的插曲，我的早期研究生田魁祥退休前主持过河北省张北沽源农牧可持续发展国际鉴定会，参与这次鉴定的，有一位来自日本的同行。会上由我介绍新中国成立初期的原始面貌；谈到当时这里树木稀少曾带领一批人到处找树……这位日本同行站起来发言说他昨天中午到这里，沿途尤其是试验区林木很多，用以反驳我的发言；当地的领导干部已更换几代，听了之后，也都茫然莫解！我只好笑着和他说："你沿途和周边看到的林木，都成行成带，而且均以直角相交，与当地主风方向北偏西22.5°相垂直或平行，林龄都不超过50年，都是新中国的成就。1950年在此地到处找树时，你们可能尚未临世，其中没有任何矛盾。"一笑！

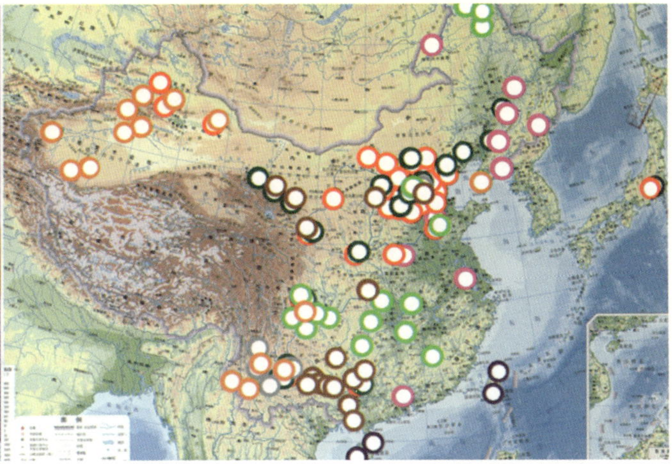

第九回
夕阳无限好

（2000—2007）

2000年我的最大收获是事隔六十多年，得又一次去了一趟台湾。去日本留学期间，按日本习惯，每个班级都委托个照相馆，伴随学习进程，毕业时可以取得个纪念相册。我所在的班级委托的是平川照相馆，经营者平川满是台湾人，他仍认为自己是中国人，对我就格外亲近，但对中国，却具有我能理解的逆反情绪。台湾，虽跨北回归线附近，气候温和多雨，但多属山区，且地震频仍；此次再去，恰值大地震后，成灾严峻！承台方锐意安排，得畅游全岛；台湾在山区建设和减灾防灾工作上，确有独到之处。引导我们考查的一位年青同行，让我们去他家作客，他的父亲退休前是小学教员，竟能坚

登上玉山顶

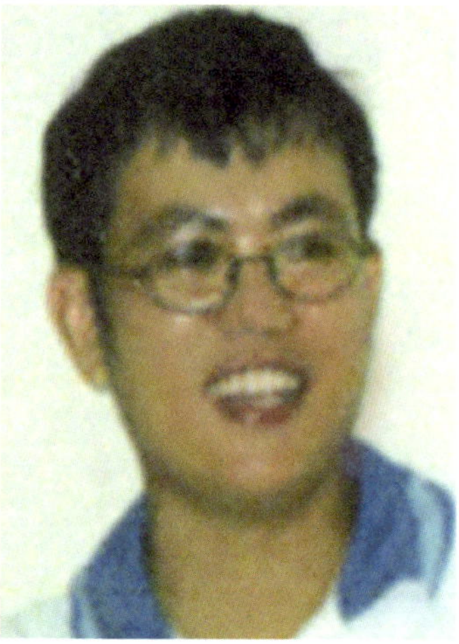

引导我们同行的青年

集集饮水工程是台湾的“三峡”

重灾区石岗坝水库摧毁空摄图

持始终不开“日语课”。老人家谦称“台湾”成为日本的殖民地之后，行政上以台北为核心，南端高雄则是对外贸易经济中心，受统治监视严苛，其他各地鞭长莫及的特点，才侥幸坚持下来，已应是难能可贵的情操，鼓舞后学了。

2002年在北京召开了“第十二届国际水土保持大会”，因通知过晚，仅提交一份提纲。6月5日被评为全国治沙标兵个人，以年老被列首席。同年参加了新疆“环境和可持续发展国际会议”。福建雨中游武夷山。参与了全国科协在北京市世纪坛、玉渊潭公园组织的学会活动。

同年中国工程院第六次大会。7月参加云南昆明“第三届海峡两岸环境保育学术研讨会”。会后去山西晋寺应约参与由前农业部洪绂曾老副部长倡导的“退田种草”研讨会。9月28日温家宝同志在中南海接见“林业战略研究”部分领导和专家。9月30日重访田寺，亲身的实践证明了，旧社会穷人被逼得

2002 年被评为治沙标兵

宁可绝种也要开山，造成的荒山秃岭，新中国成立后，甚至没用水泥，不仅消除了泥石流的危害，而且满山青翠，清水长流。我以瘦弱之身，能活过89周岁，其基本原因，可能在此。

2003年4月末，正值“非典”高潮时期，因需再去陕北，恰值水利部领导去延安，急托同行，晚一日飞抵西安，得乘汽车去延安，沿途未见放牧羊群，询及省水土保持局陪送我的同行，也是我校早期毕业的同学，笑答：“羊已圈养多年，早已放弃游牧积习”，凭车窗远望秃赭的黄土丘陵，均无近期牲畜蹬踩遗迹，满布暗色“胶面”，就是明证！据云：“远离公路的山区，偶有零星牧放羊只可见”。 待抵延安，得见现省、市林业局老友新知，尤其是承两位老学友，彻底解决了早在1951年对老少边穷地区建设提出的：“羊（山羊）为林让路，林为牧开源”的理想。经半个多世纪的辛勤实践，

三棵大杨树救了一村人

田寺村受灾后实况

封山育林恢复成花果满山

村上沟道封育恢复，满沟杨林都已长成柁檩大材

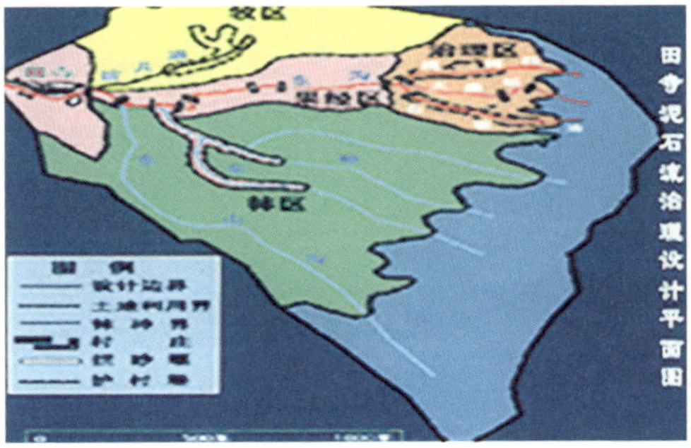

田寺村泥石流设计平面图

邀原北京市水利局王恰堂高工（不幸已故）
再访田寺村留念

我始终忘不了朱总司令

延安宝塔山

当前的延安市

已在包括吴旗、富县在内的现延安市初步实现。以垂朽之年，得以亲历此沧桑变化，心情激动！敬托现地诸友，奋笔成文两篇，文字稍多，未遑征求原作者意见，由我强行统编我作旁证；力荐得刊出在由我任主编的《中国水土保持科学》，竟被评为“垃圾”论文！深感有愧于原作者，只能苦笑对之，留待后人评说。30日飞返抵京。冬再赴西安丈八沟，参与“第四届CNC-IGBP2003年会，在白鹿塬边的现场，几代科技工作者，默默少闻，对新老黄土，进行深入研究，尤其是反复推荐陈忠实著的长篇小说《白鹿原》为主要参考资料。该书的篇首，就引用巴尔扎克“小说被认为是一个民族的秘史”，深受启迪，受益颇多。黄河流域曾是东方文明的发祥地，陕北延安又是举世瞩目的中国革命圣地；缅忆起新中国成立伊始，原北京林学院面对华北、西北无林少林地区，被指定为全国农林大专院校培训符合我国特点中国水土保持教师，导致1953年我院与国内有关教师前后二十多人，经甘肃天水转延安、榆林和绥德考察学习。其后都成为各省区的骨干教师或厅局领导。他们生前都用毕生精力，支持了面向全国的水土保持教育工作，现都已离退休。

2004年按虚岁已步入87岁，2月22日被UNEP聘为中国投资与技术促进处绿色产业专家委员会高级顾问。为参与“退耕还林”国家重点科研项目，在北京亲自约定去四川上三州现地考察，会后隔月亲赴省林业厅联系，颇不顺利；不得已只好利用中国科学院原成都山地所，再到岷江上游的汶川和茂县考察，回成都后又亲得原省林业厅几位老工程师深入调查材料，在“战略研究”年终座谈会上，提出“退耕还林”系在我国初次试行，能落实上报面积的50%以上，就应予以鼓励。符合于事后多点验收的结果。多次引起国际上的关注，曾被质问过：“近多年来中国城乡建设突飞猛进，导致原有就不多的耕地，又被占用过多；倡导‘退耕还林’，岂不自相矛盾？”实际上正是我国在林业科学上的创新之举，两者并存，毫无疑问。这是归属于我国的科学产权，对外应属“无可奉告”。

进入2006年虚岁已届九十，承校领导询及2007年我将满90周岁，希望如何来留个纪念，回忆过去曾多次试留遗言，始终词不达意，尤其是劳师动众，搞一些形式上的纪念活动；实不如将一生探索的科学分野，提前留下遗言和遗愿。就此建议校领导和有关单位能加强具体领导，支持和鞭策来实现关君蔚仍遗念于生态控制系统工程的初步打算，主要内容有：

①《生态控制系统工程》专著，50万字左右，已基本完成；

②《生态控制系统工程》彩色画册，A4 120页，原始材料已全；

③有关文字影像光盘2张，已有录像带，转光盘设备已备齐；

④附录：参考文献、中英日德俄专业名词对照，待做。

如上计划将继续，2007年上半年完成。

自从1949年参加革命工作，得到当时的河北省杨秀峰主席，也是河北农学院李泽民老院长的信任和指定参与老根据地的建设工作。1956年得参与主管农业的副总理谭震林副总理和当时主管科研的聂荣臻副总理制定科学研究规划工作。多次听过周恩来总理的报告，也听过毛主席的报告；唯有2004年6月5日中国工程院第七届院士大会因年岁已高，得敬陪末坐，非常幸运获得最先和时任国家主席胡锦涛、总理温家宝握手！年末又获国家林业局重奖；一介书生，在有13亿多人口的中国获得如此殊荣，愿代表现仍健在的老一代同行们和早我离世的同行老学长的家属及其儿孙们，共庆夕阳无限好！

荣获国家林业局科技重奖

后　语

随年岁的自然增长，开始想写一篇回忆自己的文章，几易其稿；终于落实在，按时序如实将自认为难以忘怀的事件和思想变化过程交代清楚；目的在于表达1917年以后，在中国有一个人，名关君蔚，高高兴兴地活到今天的动态因果和脉络。企图说明，谁都能在自己成长实践经历中，认真总结成败的经验和教训；都能为人类作出点滴的贡献。

但个人的能力是很微小的，实际上我的一生几十年，充其量也仅仅是探索过三件事："适地适树"、"水土保持"和"生态控制系统工程"，平均各占20年，即使对东北林区的探索延续的时间最长，紫椴（*Tilia amurensis*）是在东北东部林区的特有阔叶树种，树干通直，材质特优，但繁殖困难：30年代在辽南幸得参与育苗过关，迟到2001年在我校校园内才亲眼看到它的开花结实过程。几去西双版纳除到处可见的几种野生植物外，也只认识与我关系密切的木麻黄（*Casuarina equisetifolia*）和胡椒（*Piper nigrum*）。因而被讥讽为："不知森林为何物"，并未过分。生物多样性，即使只限于高等植物，也不是以一个人的精力可以全部掌握的。而在应用科学范畴又不能等待全部掌握清楚之后，再开始研究工作……只能是在实践之中不停地探索，求得不断深入和提高。

我的一生，事实俱在，从客观上没有小平同志和老少边穷人民的爱护，也就没有今天的我；从横向来看，我只是现有地球上50多亿，各有特性不同的人类中一个人的事情；而从纵向来看，又只限于1917—2007年的瞬间时段，时间是单向不可逆的，如何吸取和锤炼这些事实，有助于后来人顺利成长，虽然有些是"鸡毛蒜皮"的小事，毕竟是我亲自实践的现实，如果当时能处理得当，我会取得十百倍的成效，起码在寿命上能活到2050年。既然青出于蓝是历史上的必然规律，衷心希望下几代首先在寿命上都要过百。人到老年，不应该是"夕阳无限好，怎奈近黄昏！"在中国，在今后应该是："虽已近黄昏，夕阳无限好！"回忆在1969年，事出意外，学校搬迁到云南玉溪新平林业局新一场，住在新建露天的木板棚中，和老鼠共进晚餐，因得见西南原始林区，心情激动，当晚难眠，浮想联翩。模糊中渐入梦境，梦中突遇战乱，全家失散，孤身流亡他乡，困苦潦倒生活"多年"（因在梦中相当于几十年），老态龙钟，鬓发皆白，思乡心切，千里迢迢，走回老家：并已从左邻右舍得知我的几代后人都有突出成就；但见了面，因已隔代，又事过多年，相互都难认识，只好离去，在家接待我的隔代年轻人送我到大门口外，看我面向夕阳，缓步而去……醒后心情舒畅，恰是一江春水向东流，我活不到2050年；就在2005年，旧历仍未出甲申猴年，过小年祭灶那一天，因发烧去北医三院急诊，当场又一次表演“休克”！被及时抢救，得再一次获得生命的延续；首先想到的，就是基于畏难情绪延误多年，过多推诿给老友南京林业大学林文隶教授和原内蒙古林学院齐之尧同学探索沿海防护林体系建设工程；但时过境迁，都已垂垂老矣。2005年反复力争取得到海南，又恰遇南海惊世大海啸之灾；结合过去多次到东部沿海工作，结论是沿海防护林应从最低“汀线”开始营造，用以面对工业后社会、“绿色革命”以及全球的防护林体系建设工程；我国早已从1978年超前起步，几代人克服重重困难，取得举世公认的成就。其次就是写好这篇“人生之旅”。谢幕之前，再一次提请注意，尤其是对青年一代，只求有助于独立思考，语曰：“人贵有自知之明”，这只是良好的愿望，人总是善于养自己的优势，回避自己的不足之处。从本文的可信程度，最高也只有60%。例如进入老年之后，狂妄地宣称“定性是根本的，定量是利用现代计算工具来检验定性结论是否正确的手段而已！”进而人贵有先见之明，就更是善意的希望所在；在实际工作中事后诸葛亮，反而是非常重要的可贵的经验和教训。

在培养接班人的过程中，常号召老一代腾出肩膀，让下一代踩在肩膀上，便于更上一层楼，进入新阶段；我常有意地描述过，踩在肩膀上，可以居高临下，看清远景有利成长，但不能踩在肩膀上跳舞，把老的踩趴下，年轻的也跳不过墙去了。但就是不说，站在肩膀上，看清楚再过墙，防止掉入墙外深沟，就难以挽回了。

因此，作为临别赠言，这篇自传，只是对自己的初步交代，它的功能，对后来人不一定在哪一方面或者哪一点，会让后来人可以节省出许多精力，就取成就。我也就心安理得了。万勿迷信，以结束此文。

致谢

按关君蔚院士的生前意愿，对自传部分给予支持和帮助的同事、朋友、学生：张洪江、铁铮、方若玲、岳金山、李莉、王栋、宋吉红、何经纬、高俊华、杨玉明、贺淑霞、宋维念、罗在燃表示诚挚地感谢！

下篇 缅怀

忆恩师

——写在关君蔚先生百年诞辰之际

崔鹏

我的导师关君蔚先生离开我们十年了，今年是先生100周年华诞，和先生相处的时时刻刻，聆听先生教诲的点点滴滴，一一浮现在眼前。先生学识如海，人品如山，学生惟仰止景从，愚钝之笔难写一代水土保持学宗师的道德和学识，谨以和先生相处的记忆片段，感念先生的培育之恩。

一、机缘巧合遇恩师

我于1982年考入中国科学院成都地理研究所（现为中国科学院水利部成都山地灾害与环境研究所）的硕士研究生，师从唐邦兴先生。唐老师课题组中有一位从北京林学院（现为北京林业大学）毕业的柳素清老师，经常谈起关君蔚先生，唐老师与关先生也颇为熟悉。每当提及关先生，唐老师和柳老师都兴致很高，肃然起敬。我当时感觉关先生是桃李满天下的大师，心生敬仰，但遥不可及。我完成第一年课程回所，唐老师安排我做泥石流形成方面的研究。唐老师和柳老师认为植被作用和水土保持对泥石流形成具有重要影响，建议我学习水土保持课程。柳老师热情地帮我联系到北京林学院选学水土保持学科的相关课程，得到了关先生的支持，我就这样于1983年秋天到北京林学院水土保持系选修课程。

我还记得在北京林学院第一次见到关先生的印象：先生身板清瘦硬朗，头发花白浓密，笑容可掬的脸上布满皱纹。脸上的皱纹记录着先生的人生沧桑，瘦高的身板预示着先生的辛劳、责任和坚毅，额头上面的白发显露出先生的深思、睿智与学识，和蔼的微笑展现出先生的宽容、大度和仁爱。先生谈笑风生，嘘寒问暖，和蔼中带有些许威严，给我留下令人敬仰的大师形象。我就这样和关先生相识，从此改变了我的人生轨迹。

二、情系减灾诲愚生

关先生常常出差，日程安排很紧，但仍然抽时间关心我的学习，还特别关心泥石流的研究与防治。我回成都时，先生总要把我叫到他的办公室，让我给唐先生带回一些信息和资料；当我从成都返校时，先生总要让我介绍泥石流研究的新进展。先生常说：泥石流是水土流失发展到极端严重阶段的表现形式，泥石流防治是水土保持的一个重要组成部分，做水土保持不研究泥石流不行。看到先生对泥石流如此重视，我查阅了先生关于泥石流的研究工作，原来先生早在1950年就带队考察过宛平县（今门头沟区）清水河流域的山洪泥石流灾害，并选择田寺东沟进行泥石流观测和治理。采用以工代赈形式完成的治理工程经受了3次相似暴雨的考验，经历了半个多世纪仍发挥很好的减灾作用，成为新中国成立后最早的泥石流研究与治理工程。

在北京林学院修完课程回到成都后，我就有了一个想法：想成为关先生的学生。1987年，在唐老师和柳老师的支持下，我报考了关先生的博士研究生，实现了自己的愿望。成为关先生的学生，既兴奋又惶恐。从选题开始就感受到先生的严苛和对学问的一丝不苟。当时不少人关注泥石流区域规律研究，我本科是自然地理专业，就想结合自己的专业背景，在硕士工作的基础上继续做泥石流形成研究。通过多次讨论，先生认可了我的泥石流形成研究的主题，但是认为泥石流形成涉及面比较广，容易泛，不易深，应该集中于泥石流形成的一个环节，从机理和过程上深入研究。最终，我选择了“泥石流起动机理研究”作为博士论文的题目。这个题目的研究需要把土力学与水力学结合起来，这对我是一个巨大的挑战。先生洞悉我的难处，一方面鼓励我迎难而上，一方面帮我联系到清华水利系选课，增加力学知识。课程学完后，我结合唐老师的项目，在九寨沟做泥石流起动的现场实验。关先生排开本已非常满的工作日程，专程从北京赶到九寨沟，指导我的实验和研究。从材料选择、样品制备、实验过程、数据获取到结果分析，给予了具体细致地指导。晚饭后，我们师徒二人走在九寨沟如画的景区，畅谈学问、人生，从水土保持到防灾减灾，从科学研究到生产实践，从做学问到做人，从科学问题的洞察、科学方向的把握、人生追求和处事达观到科研人员的社会责任，关先生娓娓道来，诙谐幽默，富有哲理，使我受益良多。

论文初稿完成后，先生从概念、数据、分析、结果到语句表达，悉心批改，反复多次，直至满意。由于我是国内第一位研究泥石流的博士生，为了让答辩专家能对泥石流有感性认识，先生特意把毕业答辩安排在我做实验的九寨沟。在先生的悉心指导下，我较好地完成了博士阶段的研究，论文得到认可，我获得了1991年国务院学位委员会和教育部颁发的“为社会主义建设做出突出贡献的博士学位获得者”称号。

三、师生情谊润心田

每次拜见关先生，总是看到一张慈祥和蔼的面孔,深邃的目光中含有几分期许。

先生对学生，不仅是授业解惑，更有长辈对晚辈的怜爱期望。在上世纪80年代，物质尚不丰富，经济还不发达，赚钱非常不易，一个贫困乡村的家庭出个大学生，既是家族的荣耀，也是家庭的负担，全家都充满希望地拼命赚钱，默默承受着经济上的重负，不让孩子分心，期待着大学生学成后对家庭命运的改变。先生经常到老少边穷地区考察和调研，对我国贫困地区的状况了如指掌，对来自西部和贫困家庭的学生尤为关心，经常找来一些家庭困难的学生帮他整理资料，以勤工俭学的方式让学生们在提升科研能力的同时得到经济上的接济。同学们在聆听大师教诲的同时，也改善了经济状况，自然是两全其美。那时，常常看到学生从关先生的办公室进进出出，快乐地切磋交流充实着他们的课余生活，成为当时水土保持系的一道风景。若干年后，当我遇到那时在关先生处勤工俭学的学生，他仍然感念先生的帮助和教导。

有一年放假前，先生把我叫到办公室，交代给我一项任务，让我带四五位学生利用假期编制《英汉水土保持词汇》。接到任务自是不敢怠慢，很快就和勤工俭学的同学一起讨论，制订了工作方案，进行了分工。能做成一本《英汉水土保持词汇》，对大家都是很大的激励。大家一起查文献、翻字典，热情很高。经过一个假期的努力，《英汉水土保持词汇》终于编成了。

当我们把打印稿交给先生时，先生多有嘉勉，我们也满心欢喜。但过了很久还没见书的出版，我感到纳闷，又不好问。5年后，当我出国学习提高了英语能力以后，才慢慢明白，凭我们当时的英语水平，是不能完成先生的任务的。这才明白先生也许并不一定要编一本《英汉水土保持词汇》，而是通过编写让我们加强专业英语学习；也许是先生了解到我作为有家室的研究生的生活拮据，有意通过勤工俭学接济我的生活（我们几个同学都有经济困难）。先生安排学生工作，从不说帮助学生，既有细微的体恤，又对学生充分的尊重，对学生的关爱就像做学问一样细致入微，用情至深。

毕业后，先生对我的工作更加关心和支持，常要我参加相关的学术活动，我想那也是对我学业的不断检验。我留学回国后组织了几次大型学术研讨会（如1998年和2000年分别首次在成都和台中举办的海峡两岸山地灾害与环境保育学术研讨会），先生都亲临会议，作学术报告，讨论科学问题，极大提升了会议的水平和影响。在先生的帮助下，我们发起的海峡两岸学术交流赢得了两岸广泛的赞誉，现在已发展成为两岸水土保持学界年度交流的系列大会。1999年，我任东川泥石流观测研究站站长，先生百忙之中亲临东川指导，并加强了与当地政府的联系，也使我有一个很好的开局。

每当科研上遇到困难，我会首先想到关先生，希望得到先生的指点；每到北京出差，我总想见先生，倾诉生活中的酸甜苦辣；每次取得成绩，总想最先告知先生，与先生分享成功的喜悦。每次和先生见面，先生总是满心欢喜，有说不完的话，从学科研究谈到家庭生活，总感觉时间过得太快。久而久之，和先生的见面交谈已成为我生活的一部分。乃至先生仙逝，我也没忘每年去拜望师母董先生。

2000 年 9 月 15~26 日，在第二届海峡两岸山地灾害与环境保育学术研讨会及其会后台湾参访期间与关先生留影（自左至右：柳素清、关君蔚、崔鹏）

2002 年 9 月 7 日在第三届全国科技大会水土保持分会场（四川师范大学）与关先生合影（从右向左：何毓蓉、关君蔚、崔鹏、王道杰）

落红不是无情物，化作春泥更护花。关先生就像护花的春泥，一心一意地关怀着学生，而不求任何回报。有一年我陪同先生到云南考察，途中遗失了助听器。我在昆明帮先生买了一个助听器，回到北京后他常常提起此事，而先生帮学生做了那么多却从未提及。关先生对学生的关爱发自肺腑，就像春雨一样滋润着学生的心田。

四、高山景行惟仰止

关先生早年经历了山河破碎的国殇，对国家的热爱和责任就成为先生发奋图强的动力。他考取公费资助赴日留学，于1941年以优异的成绩完成学业，便怀着眷眷报国之心从日本辗转回国，倾心于祖国的水土保持科研与教学，编写了第一部《水土保持学》课本，开设了第一门水土保持学课程，创办了第一个水土保持专业和水土保持系，建立了具有中国特色的水土保持学科体系，构建了生态控制系统工程学，共同创建了中国水土保持学会和《中国水土保持科学》杂志。关先生是我国水土保持学科和教育的开拓者和奠基人，培养和造就了大批水土保持专门人才，为中国水土保持教育事业的发展做出了卓越贡献。

在学科建设与人才培养的同时，先生还把自己植根于深受水土流失之害的老少边穷地区，开展了大量的野外考察与调查研究，走遍了山山水水，爬过了沟沟坎坎，深入田间地头和农家小院，获取大量第一手资料，编写考察报告与科学咨询建议。从黄土高原水土流失治理到长江流域水土保持重点治理工程，在国家水土保持与生态建设的每一个阶段，都留下了先生的足迹和汗水；在国家水土保持政策与重大举措上，都蕴含着关先生的科学思想和睿智思考。1981年长江流域大范围高强度降雨之后，先生联合多位学者提出关注长江变为第二条黄河的担忧，其建议受到国家重视，立项实施长江流域水土保持重点治理工程。在耄耋之年，先生仍然心系国家大事，于2007年上书国务院，建议关注北京山区的山洪泥石流灾害，以确保奥运期间的安全。科学建议得到温家宝总理的高度重视，提前部署灾害预防工作。

关先生科学考察的足迹遍布大江南北，唯独没有去过西藏。在九十高龄的时候，先生给我打电话，想去西藏考察水土流失。其时，先生的健康状况已不如前，学校领导担心高原缺氧，没有同意。先生一直牵挂西藏的水土保持与生态保护，查阅了青藏高原的地质、地貌、水文、气候、植被、生态、资源、社会、经济、历史、文化等大量文献，对西藏已经有了全面深入的了解。先生认为传说中的香格里拉的东大门在云南中甸县（今香格里拉县），其中心应在藏南珠穆朗玛峰“圣山”和纳木错“圣水”一带，整体涉及欧亚大陆，是人类社会赖以维护稳定的共同根据地，建议修建多条进藏路铁，发展旅游和国际商贸，让藏族同胞共享社会进步的红利，共同保护好这一人类社会的宝地。先生对国家和人类未来的惦念、对西藏水土保持与生态保护的认识、对藏族同胞的关心充分体现出一个科学大师的前瞻思考、社会责任和家国情怀。

关先生知山知水，树木树人，其学问道德就是一座耸立在我们前行路上的高山，高山仰止，景行行止，虽不能至，然心向往之。关先生的背影就是我努力的方向。

再忆我的专业启蒙老师关君蔚先生

张洪江

1.辗转奔波走进大学校门

记得那是1975年9月末，肩扛着自己的行李卷，外挎一个盛满个人洗漱等日常用品的搪瓷脸盆，我从家乡河北省保定市，经过两天时间搭乘火车、汽车和手扶拖拉机的辗转，终于到达了目的地——云南林学院（现北京林业大学）水土保持专业在河北省石家庄地区正定县南化林场的开门办学基地。怀着非同一般的兴奋和激动不已的心情，忘却了一路颠簸疲惫，到一间很大的平房内，向当时接待我们办手续的张文景老师递交了我的录取通知书、粮油关系转移证明和户口转移等相关材料，又很高兴地领取了食堂饭票、借书证，就被先期到达的同学带到了一个已经入住了40人的大集体宿舍，因为我到的时间比较晚，只剩下为数不多的几个双层床的上铺了，为了进出方便就挑选了紧靠门边的一个。

入学的第二天，面对着全部陌生的面孔，我开始了新的生活。在我们大集体宿舍的对面，就是专业领导和老师们的宿舍，每次出出进进基本上都能和一两个老师碰面，在他们中间也能够时常见到一个年纪较大、头发花白、脸色稍黑、身体清瘦但目光明亮的老师，虽然基本上不多说话，但是从其他老师口中得知，这位老先生就是水土保持专业的著名教授关君蔚先生，记得当时跟我们75级学生开始就在一起的老师有罗又青、阎树文、关君蔚、周殿英、张增哲、刘茹、肖明秀、董克用、张文景、李秀琴、付振生、马国勋等。

2.艰苦办学条件下的老师印象

入学后部分老师们给我们上了一些诸如外语、数学等基础课程，很快又有一些老师给我们上了测量学、水土保持工程学、造林学等专业基础和专业课程，这些课程的教与学，鉴于当时大的社会环境和当地的教学条件限制，除一小部分是在室内讲授，绝大部分是在野外边教、边学、边做。其后很快就结合当地的生产任务，在关君蔚先生的亲自指导下，在10多个专业老师的带领下，我们75级水土保持专业两个班共计60个学生，历时近两个月进行了“老磁河土地利用规划”。时值寒冬腊月，再加之宽阔的老磁河沙质裸露河道，风中夹裹着沙粒，打在脸上使人难于睁开眼睛，关老先生仍然和我们一道，一板一眼地指导我们进行现场调绘，晚上回到驻地边进行清绘边进行土地利用规划和水土保持措施设计。这是老先生给我留下的第一印象，不畏艰苦，兢兢业业。

北方冬季的寒冷是众所周知的，学生和教师宿舍均没有取暖设备，其生活学习条件之艰苦可想而知。有电照明的晚上微乎其微，没电漆黑夜晚是经常的事情。记得老师们向我们所在的南化林场借来了柴油机和电动机，试着把电动机在柴油机的带动下变成发电机，以发电用于宿舍照明。柴油机发动起来了，电动机也转起来了，可就是没有电能发出来，教师和学生们焦急中带着失望的眼神一起围在电动机旁，熙熙攘攘，束手无策。只见关老先生手拿一只老式的试电笔和一把破旧的螺丝刀，走到转动着的发电机（此时就把电动机称作发电机吧）旁，测量着，琢磨着，拨弄着，突然我们宿舍的电灯全亮了，大家一起欢呼雀跃跑回还算明亮的宿舍。这是老先生给我留下的第二印象，业精于勤，触类旁通。

3.心怀敬佩认识的敬业老师

大学毕业后有幸留校任教至今，时任专业领导的阎树文先生、罗又青老师和我谈话，安排我做关老先生的助教，当时的心情多半是忐忑不安，不知助教从何做起，心中的彷徨可想而知。我毕业后的第二年，也就是1979年，中国政府为改善生态环境，决定把“三北”（西北、华北和东北）防护林工程列为国家经济建设的重要项目。关老先生被聘为这项工程的总顾问。

老先生作为顾问，从开始筹备到正式开工一直参与着“三北”防护林体系的建设工作。1979年刚刚由云南昆明迁回北京办学的北京林业大学，校园本部基本上不具备教学条件，“三北”防护林工程建设地区县长和林业局局长干部培训班就只能在北京市的西山大觉寺内举办，记得第一期培训班有七八十人，将近两周的课程均由关老先生一人讲授。从幼发拉底河和底格里斯河的两河文明，到我国上下五千年文明史与水土保持和生态环境建设的关系，内容涉及历史、文化、民族、自然、地理、水土保持、防护林体系建设与管理等，其辛苦程度可想而知，就连我这个不知从何做起的助教都有些吃不消了。而老先生对于我的悉心培养，可谓是尽心尽力，他备好的课还先讲给我听，这在我的心中留下了难以磨灭的印记。

那时的教学挂图是由老先生提供一张小样图，由助教在零号纸张上用铅笔打上网格，再将小样上的图样转画到教学挂图纸上。我效率不高的一整夜工作，基本完成了第二天上午老先生上课所需要的三张挂图，但羞于自己的毛笔字难以拿得出手、挂得上墙，所以只是用毛笔画线、画圈，其上的汉字还是仅用铅笔描了又描，在七八十人的大教室内乃

关老先生在课堂上

关老先生指导笔者在黄土高原

关老先生与笔者参加学术会议

关老先生在河北省丰宁县考察荒漠化防治

是难于看得清楚。上课之前和老先生讲明了原委，并怀着忐忑不安的心情希望先生亲自动手写上毛笔字，出乎我意外的是老先生二话不说，欣然挥笔而就。这是老先生给我留下的第三印象，平易近人，言传身教。

4.一生致力于我国水土保持教育

关老先生一生从事水土保持教学与科学研究工作，是我国水土保持战线的元老之一，夜以继日地战斗在他酷爱的水土保持教学科研第一线，在他的日历上从无星期天和节假日。

老先生一生从事水土保持教育工作，主编了农林院校全国第一本教材《水土保持学》，并为研究生讲授“水土保持原理提高课”和“生态控制系统工程学”，其专著《山区建设和水土保持》1985年获全国农业区划委员会一等奖。关君蔚资深院士组织有关教师，建设了具有中国特色的水土保持学科。

1984年由老先生代表学校参加国家教育委员会召开的学科评审会，他曾就水土保持学科特点及北京林业大学水土保持专业的工作基础、师资力量和已取得的成就作了详尽阐述和汇报，博得与会人员的支持，由于老先生的鼎力呼吁，在北京林业大学首先建立了我国水土保持学科和全国唯一的博士点。关老先生多次前往四川、甘肃、宁夏等地考察和指导学生，在他69岁那年的深秋还亲自登上3800米的祁连山北坡，指导学生考察山地泥石流、古滑坡和森林的水源涵养、水土保持作用等。

由于老先生对水土保持事业和教育事业的突出贡献，先后被评为全国及北京市水土保持先进个人，1989年被评为全国和北京市优秀教师，1995年荣获中国工程院院士称号，1998年转为资深院士。但他并没有停留在荣誉面前，在他的晚年还锐意以干旱风沙地区为突破口，从事防沙、治沙、建设绿洲的理论研究与实践工作。运用现代科学技术创立了研究生课程“生态控制系统工程学”，体现了他一生献身于我国水土保持事业的宏远志向。

5.创建并完善了我国防护林体系理论

老先生在我国的防护林体系理论与实践方面做出了不可磨灭的历史贡献，是他创建了我国防护林体系的双命名法及其理论体系，阐述了我国防护林体系的构成及其功能等，并在我国防护林体系建设中不断得以完善和提高。老先生历时两年完成的“我国防护林的林种和体系”论文，一直指导着我国的防护林体系构成建设实践。

由关老先生任总技术顾问的“三北”防护林体系建设项目，在1989年世界环境日全世界评奖时，作为全世界100个重大生态工程项目获联合国环境规划署金质奖章，关老先生的工作得到了世界的认可。2005年关老先生又获得了我国林业科学重奖，充分体现出他对我国林业、水土保持和生态环境等方面所做出的优异成绩和突出贡献。

1981年四川洪灾后，他开始研究长江，在长江能否变成黄河的争论中，他作为极少数敢于提出“从我国社会主义现代化建设上看，或是从水土流失潜在危险性上看，长江存在的问题比黄河严重”。但在当时并未引起重视，随着问题的逐步深入探讨，逐渐被各方所公认。在他的建议下，1982年重庆市率先提出建设重庆市防护林体系建设规划，并通过四川省林业局上报林业部，推动了长江中上游的防护林体系建设一期工程总体规划工作，他多次参与国家计委委托国际工程咨询公司论证工作，1988年通过国家计委审查正式纳入计划开始动工，在这方面关老先生不仅参加了多次考察鉴定和论证，而且在1988年初总结出“长江防护林体系建设的必要性和紧迫性”一文，有力地指出“势在必行，越快越好”，此文不仅在“三峡”的论证中作为专题印发，而且还系统地论述了长江中下游水土保持和防护林体系建设间的关系，进而为沿海和全国防护林体系建设奠定了基础。

6.教学与科研深植于水土保持实践

深入基层，注重实践，讲究时效是关老先生的又一特点，40余年的科研生涯中，他多次走遍了除西藏以外的祖国大地，具有相当丰富的实践经验。

1985年关老先生终于实现了他多年的愿望，加入了中国共产党，当时的北京日报进行了报道，得到他入党喜讯后写来第一封贺信的是老先生深入做过泥石流防治与被毁村庄重建工作的北京市门头沟区清水镇田寺村党支部。1950年8月清水河流域暴发的特大石洪冲毁了土地和庄园，关老先生在当时的区政府支持下，经过4次勘测调查，制订了田寺村小流域防治石洪重建家园的方案，使田寺村的泥石流得到了根治。他在基层所从事的水土保持事业，其条件艰苦是人所共知的，他不怕苦，不怕累，不嫌脏，常常和山区群众同吃一锅饭，同睡一条土炕，和群众打成一片。

就在老先生驾鹤西去的前一年，也就是2006年的夏天，不知为什么老先生一定要求我陪同他一起再去田寺村，我就通知了时任门头沟区水务局水土保持站站长的曹玉亭先生，按照我们商定的见面时间和地点如期在田寺村汇合。由曹玉亭站长和宋瑞莲副站长一起陪同关老先生向田寺沟道深处走去，老先生边走边回忆当年与当地群众一起工作的场景。这时从我们身后赶上来了两位看上去有八十多岁的老者，一男一女，其中那个老大爷问我道：“前面那个人是关老师吗？”我点头答道：“是的”，听罢那两个老者迅速赶上

关老先生与两位老者在一起

关老先生给曹玉亭和笔者讲述当年往事

前去，向关先生说道：“关老师，你好啊。”看得出来虽然这几位老人耳朵可能都不太听使唤了，但言谈甚欢，他们围在当年共同栽植的一棵大树下，回忆着当年的往事。从他们的言谈当中我知道了那是在半个世纪之前，关老先生在田寺村治理泥石流沟道时认识的村民。

那一天尤其令关老先生高兴的还有另外一件事，就是在田寺沟道内还巧遇了北京市水科院的几个年轻水保人正在沟道内进行测量工作，算起他们来应该是老先生徒孙辈分的人了。关老先生亲眼看到他半个世纪前，在此开展的水土保持工作，仍由

关老先生在田寺村巧遇年轻的水保人

他的学生们在继续，表现出来的兴奋之情溢于言表，亲自提议与大家一起合影留念。

7.创建了水土保持科学研究团队

关老先生先后发表了“甘肃黄土丘陵区水土保持林林种的调查研究”、“我国防护林的林种和体系”等50多篇论文，其中“石洪的运动规律及其防治途径的研究”在1979年全国科学技术大会上引起领导重视，受到与会代表的称赞和大会奖励。他带领的水土保持学院科学研究团队，从20世纪80年代初就一直承担国家及部级重点科研课题，曾获原林业部科技进步一等奖、国家科技进步二等奖，水土保持学院1991年荣获全国高等院校科技先进集体，他获得荣誉奖。教学、科研、生产三结合的办学道路也获得了上级的表扬，在这一系列的成绩中，是北京林业大学水土保持学院教师的努力，也处处渗透了关君蔚资深院士的心血。

8.水保事业上兢兢业业一丝不苟

关君蔚资深院士不顾年老体弱经常外出考察与调查，先后参加了“黑龙江省三江流域的林业考察”、“大兴安岭特大火灾恢复森林资源和生态环境的考察”、“内蒙古大兴安岭林区考察”、“长江中上游防护林体系建设一期工程的规划论证考察”、“嘉陵江上游白龙江调查”、“云南东川岷江西昌泥石流调查”等，在大量考察基础上，向当时的国家教育委员会提出“森林防护机制的研究计划”立项申请进行科学研究，该计划被批准后立即开展了“森林涵养水源机制的研究”。1988年初提出了研究报告的初稿，他的一些建议已被采纳，一些结论已被实践证明是正确的，如“山有多高，林有多高，有林才有水”的结论。他研究所得到的“各江河水源地区的现有森林，

关老先生（前排左二）在野外考察

尤其是天然次生林，均应划为水源涵养林，水源涵养林不是禁伐林，尤其在天然林中过熟林可以通过群团状抚育采伐，更新换代，提高质量，扩大森林面积”的结论，已经被后来国家的多项重大计划所采用。

今年是关老先生诞辰100周年，也是老先生驾鹤西去的10周年，缅怀老先生生活与工作中的点点滴滴，也是想让我们水保的后来人，将老先生开创的水土保持高等教育事业，能够承前启后地蓬勃健康发展下去，为祖国的水土保持和生态环境建设事业肩负起我们的责任。

回忆关老：大地的卫士

铁 铮

夏天的北京林业大学校园，花红树绿。已经是85岁高龄的关君蔚院士，匆匆地从甬路上走过，步履还是那么轻盈。

他低着头，走出教授宿舍楼，走向高高的教学主楼。他的办公室在8层。只要他不外出，几乎每天都可以在办公室里找到他。

关老不怎么提自己的年龄。他总是有干不完的事情，总有看不完的书籍，总有开不完的会议。在办公室里，他或者坐在计算机前敲打着新的论文，或者是忙着给年轻人审阅材料。

85岁高龄，多么令人羡慕！但更令人敬仰的是，关老不是碌碌无为，不是虚度光阴，而是为祖国的水土保持事业做出了不可磨灭的贡献。

本文选自《把论文写在祖国大地上》。

最年长的治沙标兵

2002年的6月17日，第八个世界防治荒漠化和干旱日。为我国防沙治沙事业做出突出贡献的先进典型和模范人物在人民大会堂受到了表彰。在受到表彰的十位全国防沙治沙标兵中，关君蔚院士名列榜首。

在刚刚受到表彰的全国防治荒漠化先进个人中，关老是最年长的一位。他早年从日本留学归来，一头扎进了这个意味着艰苦、淡泊、奉献的事业。一晃60多年过去了，当年风华正茂的青年，如今已经成了白发苍苍的老人。岁月留给他的，是满脸的沟壑和沧桑。他献给祖国的，则是丰硕的成果和无限的赤诚。

他是我国水土保持与荒漠化防治战线的元老，60多年如一日，始终奋战在教学、科研的第一线。他率领教师们创建了有中国特色的水土保持学科。他的学生遍布祖国各地。他完成的科研工作，或填补了研究空白，或属理论创新，或在理论和技术上有所突破，或在生产中广泛应用。他发表了50多篇在科学上具有特殊意义的论文。但他最看中的是，饱蘸着心血、汗水的成果和对祖国、事业的爱，在祖国贫穷落后的地区，在荒山秃岭、戈壁沙漠上，播撒的片片绿色。他说，这是最精彩、最有价值的论文。

他的办公室虽然扩大了一间，但还是挤得满满的。最令人慨叹的是，他精心保存下来的数以千计的黑白照片和100多个小时的录像资料。它们忠实地记录下了我国水土保持和荒漠化防治的历史，也是他献身这一伟大事业的最好见证。

事业回报他的，是一个个荣誉和一束束鲜花。他获得了全国科学大会奖励以及国家科技进步奖、林业部科技进步奖，被评为全国、北京市水土保持先进个人和全国、北京市优秀教师。如今，他又被评为全国防治荒漠化先进个人。但他依然谦逊，如同我们经常在路上遇到的普通老人。“坐而论道是不行的。一定要踏踏实实地干。”这是他再次获奖后发出的肺腑之言。

世界防治荒漠化日前后，关老比平日更忙。他知道，尽管自己的肩膀很瘦弱，但却肩负着为防治荒漠化大业出谋划策的重任。他的日程表依然排得满满的。表彰大会一结束，他就登上了飞往乌鲁木齐的班机，在那里参加第六次新疆治沙国际会议。他走上讲坛，做“景观生态控制工程的动态跟踪监测预报”的学术报告。接下来，他还要远赴福建，与出版人员一起，对《生态控制系统工程》专著进行最后的修改。

关老已经老了，耳朵已经听不清了。但他那颗为防治荒漠化事业而奋斗的心，依然年轻。

热爱是成功之母

1917年5月，他出生在辽宁沈阳一个满族家庭，原名关枢。满族是长白山原始林区的民族。先天的本能和后天环境的影响，使得他自幼酷爱生物，并深得祖父的支持。他曾和哥哥一起进入省立第二工科高级中学学采矿冶金本科。哥哥死于肺结核，他十分瘦小，大夫劝他改学农科。于是，他进了熊岳城农事试验场，学果树、蔬菜、花卉栽培和加工。1937年8月他考取了公费留日生，次年只身东渡，在东京帝国大学（现东京农工大学）林学科学习。

他破格被选为农林口留日学生代表，住进了东京市中心的留日学生会馆单间。他废寝忘食，全力以赴，广泛涉猎，一年即自称“万卷楼主”。他的论文题目定为“满洲植物区系的研究”。1941年领到毕业证明书后得知日警要抓他，便赶在毕业典礼前离开东京，经下关、釜山、哈尔滨、长春、沈阳，闯过山海关，进了北京城。这时，他改名关君蔚。这个名字一直用到今天。

接下来的日子里，他先是被聘为北京大学农学院林学系副教授，主讲森林理水砂防工学、测树学。1949年，又受聘于河北农学院，主讲水土保持和森林工学。1952年北京林学院成立时，他调入学校成了北林的元老之一。

几十年来，他“过五关，斩六将，自我推销”，和同事们一起为我国的水土保持学科建设铺路奠基。为了创建有当代中国特色的水土保持学科体系，他反复研究探讨，就其定义、目标、理论基础、内涵和边界作了科学系统的论述。在他的主持下，《水土保持学》《水土保持原理》试用教材相继问世，有关内容被纳入《中国大百科全书》，并被引用于森林法、水土保持法中。

早在1956年，他就直接参与了国家“1963年至1972年科学技术发展规划”工作。“六五”期间，他承担了“西吉黄土高原农林牧综合发展、水土流失综合治理试验基地县”的国家和林业部重点攻关课题，作为课题的主要完成人获得了多项奖励。

身为“三北”防护林建设工程顾问，他为绿色长城的兴建做了大量工作。他在回答英国《泰晤士报》副主编的提问时说，我们的《国歌》中有这样一句：把我们的血肉筑成我们新的长城！只要我们中国人民齐心协力，我们的目标就一定能够实现。他积极投身这一巨大的工程之中，为高级研讨班撰写了“我国防护林的林种和体系”一文，提出了具有我国特点的防护作用和经济效益双命名方法，推动了经济、生态和社会效益同步实现。

对于自己取得的成绩，关老不爱多说。他真诚地说了这样一段话：

我不是天才，更没有什么特异功能。先天不足，后天羸弱，发育滞后。只要热爱自己的事业，把心扑在自己的事业上，在自己成长实践经历中，认真总结成败的经验和教训，都能为人类做出应有的贡献。

在生产实践中成长

在关老的记忆里，有这样几件事十分难忘。

1956年初，全国首届科学大会发出了“向科学进军”的号召。他参与开始制定科学研究12年规划中“山区建设和水土保持攻关研究”重大项目。这个项目由谭震林副总理主持。

机遇来到时，常常不事先打招呼。那天，他得到国务院的通知要求9点到会。他起了个大早，由于路线不熟悉，当他满头大汗地走进会议室时，时针已经指向10点半钟。

在这次会议上，讨论落实由北京林学院承担华北山地利用和水土保持的研究等课题，指定由他承担“石洪的运动规律及其治理和预报的定位试验专题研究”。这是北京林学院首次承担国家重点攻关研究课题，林业部拨给了20万元科研经费。他既兴奋，又感到责任重大。经过艰苦的工作，研究取得了可喜成果，获得了全国科学大会的奖励。

1985年6月8日，已是68岁老人的他在党旗下宣誓入党。这个消息见报之后，他接到的第一封祝贺信是从一个叫田寺的村党支部写来的。这是因为20世纪50年代，他参与了当地泥石流的调查、规划设计和治理工作。在广大农民的共同努力下，国家只投入了10万斤小米，就治理了一条遭受毁灭性灾害并有再次发生潜在危险的泥石流沟道。其后几次经受暴雨考验，迄今仍安然无恙。当地父老乡亲饮水思源，不忘当年带领他们治沟的老教授。而关老，也始终不忘自己的专业可以为人民造福，并以此激励自己继续做出新的贡献。

还有一件事珍藏在记忆深处。1984年8月，教育部召开的博士点审评会在山东泰安举行。到会场之后，他被告知先评学科，这是博士点的先决条件。他用了整整两个小时，以水土保持原理为基础、农展馆为实证、大百科为依据，论证了中国水土保持学科体系的必要和重要。定评时，他要回避。在半亩地大的院子里，他度“分”如年。一直到了十二点半，才见评委们散会走了出来。从他们的目光中，他已经觉察到，中国的水土保持学科体系正式建立起来了。为了这一天，他和同事们奋斗了多少年。

不掉在时代后面

猛一抬头，他发现自己被现代科学的激流甩到了后边。一种奋起直追的愿望油然而生，年近七旬的他又焕发了活力，就连他自己都感到意外。他全力以赴，执着地创建“生态控制系统工程学”，一干就是10年。到1995年，他完成了《生态控制系统工程学》一书，取得了“关于生态农业的探讨——兼论东方思维和绿色革命”的成果。

1995年7月，已经办完退休手续的关老接到了被评为中国工程院院士的通知。在处处提倡年轻化的时代，关老能在老年担当重任，实属不易。他珍惜这一荣誉，更珍惜继续工作的机会。本来就退而未休的他，更加勤奋地工作，好像忘记了自己的年龄。

关老仗义执言，特别是对毁坏林木、有损林业发展之事，总是挺身而出。当他得知某地出现乱砍滥伐现象之后，不顾年迈体弱，坚持到现场考察，对毁坏生态环境的现象提出了批评。他多次找有关人员谈毁林的危害，希望能写些文字进行呼吁。他严肃地指出，千万要警惕第四次全国性的乱砍滥伐风的发生。他说第一次乱砍滥伐是在1958年大跃进，第二次是在“文化大革命”期间，第三次是在森林法即将出台之前。正值林业部改国家林业局之际，千万要警惕有人乘国家机构调整之际，大面积砍伐树木。否则这股风一旦蔓延起来，后果不堪设想。他说我们并不是和某个人过不去。我们的目的是为了制止这不良现象，保护已经十分脆弱的生态环境。

黄河断流问题越来越严重。在日常的接触中，人们经常可以听到他的呼吁之声。得知《中国绿色时报》创刊，他和几位院士共同发起了“拯救黄河”的呼吁活动。他连夜亲自起草了呼吁书草稿，并逐一给熟悉的院士打电话联系。他出席了“中国绿色时报”召开的座谈会，和几位专家一起对呼吁书字斟句酌。这份呼吁书在该报创刊号上刊登之后，在全国产生了重大影响，引起了社会的普遍关注和有关部门的重视。

在大家的印象里，关老一贯是好说话的。只要是需要他，或是就某个问题发表看法，或是约他写点东西，他都会爽快地答应，并且能在约定的时间里完成。但也有例外，比如各类的名人录他都不屑一顾，而且没有一点商量。

关老还在继续自己的追求。在他那颗历尽沧桑的心中，洒满了春天的阳光。

过去有人说，水保水保，人人会搞，讥讽水土保持缺少科学性，关老以卓著的科研成就和极高的学术造诣，当选为中国工程院院士，不仅仅为他本人赢得了荣誉，更为水土保持事业争得了地位。

在人们对他为之奋斗的事业还一无所知时，他默默地在祖国大地上奔波。如今水土保持事业在我国越来越受到重视，我们的水土保持专业，早已发展壮大为水土保持系、水土保持学院，其中有许多像关老这样的专家教授的功劳。

在北京林业大学，有许多描述水土保持工作情况的顺口溜，同时可以听到一些关于关老的传说。比如说，关老多少天不洗脸，多少天不刷牙。比如，关老和一帮人同进某省委大院，别人都畅通无阻，单单关老被拦下了。无非是说，水土保持工作的艰苦，以至于乱发长胡、衣着破旧的关老看起来与教授的形象相去甚远。而事实上，关老自小受到良好的教育，以后又留学日本。即便是回国之后，身处教书的职业，其生活也还安逸舒适。之所以他整天和泥土打交道，之所以吃苦受累而不悔，之所以不是被人捧上天而是被人看错了身份，正是因为他为之献身的事业实在是一项十分艰苦的事业。

水土流失严重的地方，最需要水土保持。水土流失严重的地方，工作和生活条件最艰苦。水土保持事业的特性决定了从事这项事业的人必须不怕吃苦、学会吃苦。关老就是一位能够把苦嚼出甜味的人。

如今，水土保持工作的条件已经大有改善，但依然是艰苦行业。关老等前辈创业之初的艰难更可想象。关老之所以能在水土保持中干出一番事业，和他这种不怕吃苦的精神是分不开的。正因为有了这种精神，他才不是坐在实验室里，而是奔走在穷乡僻壤、山间沟里。正因为有了这种精神，他才不是在大都市里过着有规律的生活，而是背着小米下乡、咽着干馒头充饥。退一步讲，即便是选择了这样一项艰苦的事业，以他的身份、他的威望、他的知名度，他也完全可以不去吃那么多苦，起码可以少吃些苦。但那不是关老的性格。干事业就是要有这种吃苦精神。他就是凭着这种精神，一直到耄耋之年，还在四处奔波，还在紧张工作。

生命在于运动。对于关老而言，生命在于事业。只要一息尚存，他就要为事业而奋斗。对此，师生们深信不疑。

在许多人看来，关君蔚几乎就是我国水土保持事业的代名词，或者说是同义语。当然一项伟大的事业，仅仅靠一两个人是无法成就的，但关老在我国水土保持事业中所起的作用的确是旁人不可替代的。

从20世纪40年代初开始，关老就开始了自己的水土保持教育生涯。1949年，水土保持学作为必修课在高等农学院设立，就由关老主讲。而后，一门课变成了一个专业，一个专业又变成了一个系，一个系再变成了一个学院，一个世界上唯一的水土保持学院。这其中的每一步都和关老有着密切的关系。

早年，他主持研究制订了专业、课程设置和教学大纲，主持全国林业大专院校水土保持专业教材编审委员会的工作。他和同事们一起，培养出了中国第一代水土保持专业大学生，编写了全国第一本《水土保持学》统编教材，为全国农林院校培训了第一批主讲水土保持课程的教师。第一任水土保持专业负责人，第一任水土保持系主任、第一位水土保持学科博士生导师，这一个个第一，都证明了他在我国水土保持教育发展中所起的作用。如今，关老走到哪里，都有他的学生。

当然，这些学生中还包括那些没有进过大学校门、甚至没有进过教室的农村技术员、基层干部、普普通通的农民。关老手把手地教过他们科学致富的本事，通俗易懂地给他们讲解保持水土的科学道理。

在水土保持科研领域，关老收获了一项项重大成果。他科学地界定了水土流失、水土保持这两个名词的基本概念，在建立和深化水土保持理论上做出了重大贡献。在泥石流预测、预报和治理方面，他取得了科学上的重大突破。他的研究成果，获得了全国科学大会的奖励。在中国水土保持发展史上，他是提出水土保持林体系概念的第一人，后来又创造性地提出了防护林的林种和体系的理论，把中国的防护林建设推向了一个新的高度。身为“三北”防护林体系建设的顾问，他的心血注进了这座举世闻名的绿色长城。

关老淡泊名利，但还是获得了许多荣誉，“全国水土保持先进个人”、“全国优秀教师”等称号接踵而来。他依然如故。既不为荣誉沾沾自喜，也不因成就停滞不前，还是照样忙碌，照样辛劳。

一不怕苦，已经被关老用大半辈子实践过了；二不怕死，正在被关老实践着。他曾想，百年之后将自己的骨灰撒在自己研究过泥石流的妙峰山，撒在他降服泥石流的门头沟。

在关老的计划中，还有许多许多的事要做。

校园的树木花草述说着春天的美丽，阵阵吹来的风中似乎有了夏天气息。自然界的春天毕竟太短暂了。只有那些永远追求的人，才会拥有永远的春天。

他把自己的一生，都紧紧地、紧紧地和祖国大地连在了一起。

他为大地而生！为大地而战！

水土保持之魂

——忆关君蔚先生

杨进怀

2017年是我国水土保持教育事业奠基人、著名水土保持学家、中国工程院资深院士关君蔚先生诞辰100周年。作为关君蔚先生的学生，回忆起来，无论是一入学就啃读老先生的《水土保持原理》等专著，聆听老先生的集体辅导，校园道听途说老先生的治学育人故事；还是暑期跟随老先生教学实习，耳濡目染地接受老先生教育；以及工作后，在开展水土保持工作的实践中接受老先生的指导和读在职博士期间再次系统接受老先生的学术教育，等等。在关先生诞辰100周年之际，对老先生的敬仰之心，感念之情，教育之恩油然而生。他老人家成长在半封建、半殖民地的旧中国，立志科技报国；新中国成立后，植根于水土流失最严重、人民群众生活最艰难的老少边穷地区，立志于将穷乡僻壤变成秀美山川，改变自然生态环境，改善人民生活，实现人与自然和谐相处，人类社会可持续发展。作为他的学生，回忆老先生的点点滴滴，他老人家的民族精神，家国情怀，教育思想可以概括为五个第一。

一、学生第一

关先生作为学科奠基人，为确保水土保持事业从学校教育入手，成为中华民族保护水与土自然资源社会实践，保障中华民族世代繁衍生息，永续发展的强有力科学技术、管理思想和发展理念。老人家把学生教育和培养作为第一要务，因人施策，尊重学生的个性和特点，非常注重学生水土保持基本素养和特长的培养。

（一）给学生传输大视野思想

记得当年在校学习期间，老先生在学校或水土保持系举办的各类专题讲座或大讲堂上，总是谦虚地说自己编写的那几本书供同学们自学参考，每次讲座都以水土保持的社会实践为主，通过老先生在全国各地开展的水土保持科学试验及生产活动，延伸讲解系统论、管理科学、各类工程技术应用与创新，以及如何用科技知识服务群众的点滴细节，让热血青年感觉海阔凭鱼跃，天高任鸟飞，极大地激发了同学们的学习热情。

（二）讲授做人道理

当年我跟关先生实习期间，他经常找我谈心聊天，谈青年人如何以所学专业为基础，要以感恩社会，报效祖国的精神状态树立正确的人生观、世界观、价值观。教育我必须清醒地认识到当时能够上大学特别是重点大学的人是有限的，在国家还不富裕的情况下，国家不收学费，还发助学金，国家就是希望同学们在校好好学习，走向社会后服务社会。他讲了很多自己如何苦苦寻求真理，追求光明，坚定跟随共产党干好工作，尽职尽责，服务老百姓的故事，回想起来，关先生的教育，对自己的人生定位、价值定位、专业定位发挥了巨大的引导作用。

（三）教会做事方法

关先生要求学生做事要讲规矩，脚踏实地，必须按照标准做到位，但不求理想化和尽善尽美。有一次，完成他部署的工作后，他比较满意，我兴致所来，提议还有提升空间，他听后认为我的想法很好，鼓励我继续思考下去，同时他建议我思考一下提升所花费的投入成本与提升后的效果解决现实问题的关系，并与现状成果的成本产出进行对比分析。几天后，他问我思考出来没有，我向他汇报：从做学问看提升效果对科研人员感觉更好，但从解决现实问题的投入产出看原来的成果最经济。他给我举了许多直接或间接的例子来说明如何辩证看待我们经历的这件事情，老先生要求做任何事情必须脚踏实地，努力做好，但给了把握度的两条建议：从哲学上看，事情做到9就最好了，如果继续向前拱，可能变成0；从现实看，要注重实际，把握做事的条件，要量力而行，尽力而为，不要超越阶段。一次案例教学，影响一生，受益一生。

二、学科第一

关先生作为学科奠基人，学科如何发展，将学科带到哪里，哪个方向，如何确保学科健康发展，作为他的学生，感觉关先生倾入了毕生精力。

（一）一生抓学科理论建设

水土保持学科是中华民族几千年社会实践的现代总结，不是舶来品，如何结合中国的实际，既尊重几千年来中华民族实践的成果，又用现代科技、现代知识、现代思想改造提升，形成科学体系，是摆在学科奠基人带领的团队面前的最大难题。1958年建立水土保持学科后，关君蔚先生就全力以赴地从事学科理论建设，1966年，《水土保持原理》出版，标志着水土保持理论建设的形成。随后，关先生带领学科团队以国内水土保持工作需要解决的问题和国际自然资源保护前沿动态为导向，不断完善水土保持学科理论建设，指导全国水土保持事业的健康发展，特别是国家《水土保持法》和各地条例或办法的出台实施，标志着水土保持学科的日臻完善和强大动力。

（二）抓学科基础建设

关先生要求学生不仅要将论文发表在刊物上，更重要的是写在大地上，温暖在老百姓的心坎上，使得水土保持学科自从创立之日，就植根于大地，植根于老百姓，水土保持学科的发展以解决老百姓的实际问题为前提，以服务国家发展的宏观战略为前提，以产学研用相结合为前提。为此，关先生等学科奠基团队，根据国家气候条件、水资源特点、地形地貌、土壤条件、新中国成立后的生产力布局等因素，对全国进行水土保持类型区划分，指导全国各地因地制宜地开展水土保持工作。同时，在全国自然条件最差、生存条件最恶劣的老少边穷地区建设水土保持教学实验基地，把教室搬到生产一线，与老百姓肩并肩地去解决现实问题。改革开放后组织师生积极参与“三北”防护林建设、全国水土保持重点区治理、黄土高原水土流失综合治理等国家重点项目，让水土保持学科发展与水土保持生产实践紧密结合，互相促进互相推动。

（三）抓学术成果建设

为了提高水土保持学科的影响力，关先生积极参与推动了《水土保持学报》《水土保持通报》《水土保持研究》等多部学术期刊的建立、编辑与发行工作，为传播水土保持学科与实践奠定了基础。

三、实践第一

关先生经常对学生讲，实践是检验真理的唯一标准，要学以致用，边学边用、边思考边总结边提升。在回忆与关先生相处的过程中，他老人家非常注重培养学生的动手能力。记得1989年夏天我跟随关先生实习，承担全国水土流失类型区的修订划分工作，那时候技术条件有限，类型区的划分只能依靠手工画在硫酸纸上面，当时实验室提供的设备有画图板、硫酸纸、全国地图、0.05毫米的碳素笔，需要在全国地图上画出全国水土流失类型区及亚区，在画亚区时，由于线条密集，几次画出来后，线条之间密密麻麻，层次感不强，不够清晰，感觉不好。找关先生，请他帮助提供0.01毫米的碳素笔，这样用0.05毫米的画类型区线条，用0.01毫米的画亚区线条会层次清晰，否则效果不好。关先生听后思考了一会儿，告诉我，从教学大纲和实验规程分析，提供的设备器材一定可以完成实验任务并取得预期的效果的，你回去再思考，想想其他方法看看怎么样，并表示他相信我能够解决此问题。后来经过思考，请教其他同学，圆满完成了任务，当把成果交给关先生时，他表扬了我，并指出让我通过这件事情要体悟到，做事情不是靠提条件才能完成的，立足现实，开动脑筋最重要。这次实践的启迪一直影响着我的工作方式和方法。1990年我毕业分配到北京怀柔汤河口水土保持科学试验站工作，那时候从北京去汤河口，需要到东直门坐大约2小时才一趟的长途班车到怀柔县城，再从怀柔县城坐大约一天就3～5趟长途班车到汤河口，记得从东直门到怀柔县城约50公里，从怀柔县城到汤河口60公里。那时候乡下的电话还是手摇电话，为了保障城市用电，经常每天下午6点到晚上10点乡下停电，骑自行车下乡。当时虽然条件艰苦，但赶上了从改革开放就开始试点的庄户沟小流域综合治理验收与鉴定，当我回到学校将这些情况向关先生汇报后，他老人家鼓励我条件艰苦不可怕，再说也是北京的山区，比老少边穷地区好多了，关键是要抓住庄户沟小流域的验收与鉴定机会，把学的知识用在这次重大实践中，难得的一次锻炼机会，鼓励我要敢于承担，不怕吃苦，做好工作。按照关先生的教诲，积极参与了庄户沟小流域综合治理的验收与鉴定工作，不仅综合系统地应用了自己所学的知识，而且学到了如何协调村民、部门、上下级的工作关系等工作方法。感觉自己得到了锻炼，收获很大，现在回想起来，也很怀念先生的教诲和那段生活的洗礼。

四、创新第一

创新是发展的源泉，关先生非常注重创新教育，要求学生根据工作实际和当地经济社会发展状况，大胆创新，不断推动水土保持学科的理论与实践创新。北京的水土保持工作就是在关先生等前辈的指导下，不断创新发展。回顾改革开放以来北京水土保持的发展历程，有几次重大创新都是在关先生等老前辈指导下完成的。

（一）山洪泥石流防治

1991年6月10日，北京山区突发暴雨，山洪泥石流暴发，造成密云番字牌、怀柔西石门等地28名村民死亡，大片农田、房舍、农村基础设施被毁。灾后重建，关先生鼓励在北京工作的学生，要充分认识到水土流失的最严重形式泥石流对北京山区发展的危害，必须面对问题，想办法解决，后来，关先生以专家建议等形式向有关领导和相关部门提出建议，得到极大重视。市水利部门联合地质部门，组织相关专家，对北京山区的泥石流易发区、地质采空区进行了详细的调查，提出了有针对性的分阶段治理方案和措施，在密云番字牌建设了泥石流沟道治理示范项目。今天，北京山区防汛的技术保障措施还在使用当年的成果。

（二）饮用水源保护

进入20世纪90年代，除泥石流预防治理外，保护密云水库饮用水源是关先生非常关注北京水土保持的另一个问题，不断给在北京工作的学生灌输确保首都人民喝上干净水是北京水土保持工作者义不容辞的责任。1993年开始，北京市积极探索利用外资发展水土保持事业，在关先生的指导下，编制了《密云水库饮用水源保护及泥石流防治项目报告》，申请了亚行贷款，不仅引进外资，而且引进国外水土保持保护水源的理念、方法和科技手段，使得北京的水土保持工作与国际接轨。

（三）生态清洁小流域建设

进入21世纪，受气候变化影响，北京地区水资源衰减严重，首都的水资源形势变得更加严峻，关先生非常关心北京的水源涵养与保护，指导在北京工作的学生要研究解决保护水质和涵养水源这一现实课题，引导大家解放思想，开动脑筋解决农村旅游引起的污水、垃圾、面源污染、环境破坏等问题。后来，2003年开始，在水库上游地区探索以小流域为单元，构筑生态修复、生态治理、生态保护三道防线，综合实施21项措施，重点推进污水、垃圾、厕所、河道、环境五同步治理，建设生态清洁小流域，经过多年探索，已经走出了一条具有中国特色的水源涵养与保护之路，成为当下山水林田湖一体化保护建设生态文明的主要抓手之一。在生态清洁小流域试点的过程中，恰逢我在学校读在职博士，关先生每次看到我，都很关切地询问规划、建设、管理、科技的一个个细节，并提出看法和建议，鼓励要大胆创新，只要工作方案符合科学，人民拥护，就要敢于突破体制机制的约束，勇于担当，不断推动水土保持学科与事业创新发展。回想起来，关先生的思想理念、价值观、学科方法、品质力量一直在默默陪伴、支撑着北京的水土保持事业发展。

五、人民第一

人民在关先生心中占据着崇高的地位，几十年的教学科研生涯，他几乎走遍全国水土流失严重地区、老少边穷地区，70岁时，在祖国边陲林区进行学科考察；80岁还在新疆沙漠腹地考察防沙治沙工作；2005年88岁高龄时，还到京郊农村考察水土保持与水源保护。我经历的几件小事，让我感觉关先生始终将人民放在心中。

（一）北京门头沟田寺村民半个世纪后记得关先生

2005年秋天，关先生回到1951年洪水灾后，他通过以工代赈带领村民实施水土保持灾后重建的门头沟田寺村考察，进村下车后，路边乘凉的老大爷看到下车的人群，认出了关先生，主动上前打招呼，“这不是当年带领大伙儿开展水土保持灾后重建的关老师吗？”一时间，忆往事，话友谊的场面感动了在场的所有人，当年关先生为人民着想，人民一直记着他。

（二）宁夏固原父老乡亲知道关先生

学习水土保持专业后，知道母校在宁夏固原市西吉县建立了水土保持教学基地，回到家乡，与家乡方方面面父老乡亲聊天，常常能听到提及北京林业大学的基地，关先生等老前辈的名字，每当这个时候，心中有无限感慨、骄傲与自豪。

（三）98年长江大水后海峡两岸学术研讨会的高超驾驭

1998年长江大洪水后，引起包括台湾在内的世界各地广泛关注，围绕山地灾害防御这个主题，海峡两岸学者在成都召开了一次高规格的学术研讨会，当时许多台湾的政府官员以民间身份出席会议，为了预防出现学术会议政治化，关先生私底下告诉我，作为大会主席，他把会议讨论的范围定在两岸山地灾害对人民生产生活的影响以及应对的技术方案和管理措施，不研讨防洪抢险的管理与决策，以防可能出现政治化。我参加了那次会议，会议紧扣水土保持服务人民的主题，开得非常圆满成功。

自1958年创立水土保持学科以来，水土保持已经经历了由分散治理、小流域综合治理、生态清洁小流域建设、区域集中连片治理等不同阶段和特点，随着国家将生态文明建设放在与经济建设、政治建设、文化建设、社会建设同等重要位置，进行五位一体布局，推动国土功能分区建设，加大山水林田湖一体化保护，水土保持学科将有更加广阔的舞台和发展空间。纪念关君蔚先生，就是要传承他的水土保持精神与情怀，为大地覆绿，让清水下山、净水入河，让人民富裕安康，人与自然和谐而不懈奋斗。

纪念关君蔚先生诞辰100周年

辛志文

我是1956年考入北京林学院造林系造林专业的。当时，学院设造林和森林经营两个系，两系各有6个小班。进校不久，由于有些同学未报到，第二学期将12个班改为10个班，即造林系5个班，森林管理系5个班。1958年7月两个系的学生参加了在十三陵水库组织的劳动、实践活动，即在水库上游整地造林，防治水土流失。关先生也来这里指导工作，这是我第一次知道关先生的名字。

1958年10月，根据国务院水土保持委员会及全国第二次水土保持会议的决定，学校将两个系做了专业调整，成立了水土保持专业，设两个班，我分在了水56−2班。水土保持专业成立后不久，为了落实毛主席的指示，全院师生（除刚成立的森工系外）下放劳动锻炼，水土保持专业下放到内蒙古。

1959年3月，我们参加了全国治沙会议，会后分到各个治沙站，关先生到了陕西榆林治沙站。1959年8月劳动锻炼结束后返校，1959年10月，我们两个班和森林改良土壤教研室的老师来到房山县河北公社劳动实习，参加修筑谷坊等劳动，先生和我们一起搬石头，有时给我们讲课，他深入浅出的讲解给我留下了深刻的印象。当地农民也很爱听。1960年我毕业留校工作，分在林业系森林改良土壤教研室，先生是教研室主任，按照教学分工，我成为先生的助教。1970年搬迁去云南时，我离开了学校，但仍和先生保持着联系，回忆和先生朝夕相处的十年时光里，他的音容笑貌，对我的培养教导历历在目，我对先生的总体印象是：爱国、敬业、勤奋、刻苦、分析问题能力强。

一生热爱水土保持专业

先生搞了一辈子林业和水土保持，对水土保持事业奔波毕生，从东北的黑土地到黄土高原，从西北的风沙区、水土流失地区，到南方的土石山区，从华北石质山区到长江流域，从云贵高原到沿海滩涂，到处都留下了他的足迹，可以说，除西藏外，他跑遍了整个中国大地。先生说，他一生没离开学校，1949年到河北农学院（现河北农业大学）任教，到校后就到山里干活去了。他说，我是河北培养出来的干部。1950年8月，原河北省宛平县田寺村（现北京市门头沟区）发生了特大泥石流，摧毁了房屋、农田，吞没了数条无辜的生命。先生受命，背着行装赶到了灾区，深入群众调查研究，提出了“因害设防，因地制宜，宜林则林，宜农则农，宜救则救”加上各种工程措施的综合治理方案，和乡亲们一起劳动，用了两年时间，高质量地完成了治理。至今，这里又经历过三次规模超过当年的暴雨，却经受住了严峻的考验。从此，先生成名了，当地群众都知道有一个能制服泥石流的专家。1966

年4～5月，先生带我来这里联系毕业实习的事，一个在此地参加社教运动的北京大学地理系教师，听当地老乡说，北京林学院有个能根治泥石流的教授来了，特地慕名找到了先生，先生带他上了山，讲解水土保持和泥石流的知识，这位教师点头称赞。

1963年7月，我带水59班学生到承德县南甲山林场搞毕业实习，当年，这里发生了泥石流（当地叫放水泡），我写信告诉了先生，他很快从北京站坐火车到承德，再从承德坐火车某站（站名我忘了），下车步行七八里到了实习地，他不顾旅途的疲劳，上山又是拍照，又是实地观测。

1964年春，由北京市科委组织，首都部分高校和科研院所参加的北京市山区综合考察开始进行，先生和我与原北京农业大学土化系的一些师生组成土壤—水土保持组，先生对我说："考察不能单打一，要和教学、科研结合起来。"从此，先生奔波于怀柔县的沙峪公社、琉璃公社和门头沟地区。考察中，先生的工作受到前学部委员、我国著名的土壤和地质学家，原北京农业大学土化系教授、北京市山区综合考察主席李连杰先生的称赞，一次专家组在考察途中，关先生要求中途停车，去看发生泥石流的情况，李连杰先生说，搞科学研究就需要这种精神。1965年5～6月，李连杰先生在北京天文馆主持召开山区考察碰头会，我校王林先生和我参加了会议，会议期间，李先生对我说："你们那个老关真能跑，真能干！"

1965年夏季，先生决定在妙峰山林场的水沟进行定位试验"泥石流预报的研究"。这是先生多年来的夙愿，用红笔给沟里的石头编号，雨季观测。先生和我们一起住在山上，先生是无线电爱好者，将无线电技术应用到研究中，按现在的热门话题，也算创新驱动吧！

一次，我问先生的老伴董老师，先生最近忙什么，她说，搞什么绿色万里长城。

1978年，我国开始在西北大部、华北北部、东北西部风沙危害和水土流失重点地区建设大型防护林（简称“三北”工程），这是一项造福人类的伟大工程，先生是这个工程的技术顾问和该项目高级干部研讨班的主讲教师，为防护工程培养了大批骨干。截至2008年，30年来，建设区森林覆盖率由工程建设前的5.05%提高到10.51%，改善了生态环境，提高了土地生产力，保障了粮食稳产高产。

近年来，先后有70多个国家、地区和国际组织的官员、专家、学者、新闻记者前来“三北”地区考察、访问和学习，一致给予“三北”工程很高的评价，赞誉“三北”工程是“改造大自然的伟大壮举”、“世界生态环境建设的重要组成部分”。

2002年10月，50年校庆期间，我曾两次看望先生，一次先生正在整理幻灯片，一次正为参加温家宝副总理主持召开的退耕还林座谈会做准备，已85岁高龄的先生仍在孜孜不倦地工作，真是难能可贵，这次见面竟是我和先生的永别。

原全国政协副主席、水利电力部部长、全国水土保持工作协调小组组长钱正英，在全国第四次水土保持工作会议上的报告中说：“我们有些老专家，如陕西省水保局蒋德麒总工程师，北京林学院关君蔚教授等，他们十分热爱和关心我国的水土保持事业，即使在十年动乱期间，仍然坚持深入调查研究，关心指导水土保持工作，并积极培养水土保持专业人才”，这是对先生工作成绩的充分肯定。

水土保持学科和教育的奠基人

先生毕生从事水土保持教学工作，曾先后在北京大学农学院森林系、河北农学院（现河北农业大学）森林系讲授水土保持课程。我离开北京林学院后，1974年辗转调到河北农业大学（原河北农学院）任教，这里的很多教职工都知道先生，对先生的印象是“很能讲”，一些老教师都是先生教过的学生。1952年，全国院系调整，由北京农业大学森林系和河北农学院森林系合并组建了北京林学院，从此，先生来到了刚刚成立的北京林学院。50年代，先生曾给北京大学地理系讲授水土保持，1984年左右，一位该系的老师对我说：“他听先生讲课的笔记还保留着呢。”1964年北京农业大学土化系邀请先生讲水土保持，先生决定让我去讲，这是有意锻炼我。讲前，高志义先生给我做了些指导，这样，我壮着胆子给该校60级两个班的学生及部分老师讲了一上午的水土保持。如果说，算我完成了任务，也是先生培养、教育的结果。

我认为，是先生在他多年从事教学、科研所积累的经验基础上，带领同事们，从开设的一门“森林改良土壤学”组建了包括森林改良土壤学、农业改良土壤学、水土保持工程学、水土保持原理等课程的全国第一个水土保持专业；也是他带领同事们赶编了全国第一本《水土保持学》教材。

水土保持是山区建设的生命线，是改造自然、治理江河的重大措施，是国土整治的重要内容，是农业生产的一项基本建设。

水土保持学是研究水土流失（包括水蚀风蚀等）的发生、发展规律，据以组织、运用综合措施，防治水土流失、风沙干旱等自然灾害，提高土地生产能力，改善水文条件，保障农业生产发展的一门学科。

早在20世纪五六十年代，原中国科学院副院长、我国和世界著名的气象学和物候学家竺可桢先生就说："水土保持是和水土流失作斗争的一门科学。"

为了提高教材水平，1963年左右，先生和我先后请北京大学地理系主任林超教授、中国科学院地理研究所所长黄秉维先生审阅《水土保持原理》教材。

1977年冬季，已过花甲之年的先生风尘仆仆地来到离石家庄市七十里的河北农业大学总校（该校1975年从保定搬到这里，1978年又搬回保定），和学校领导商谈合作办学的事。

学校从云南搬回北京后，教学逐步走上正轨。1980年，根据我国水土保持事业对水土保持专门人才的需要，经有关部门批准，相继成立了水土保持系和水土保持学院，先生都是主要负责人。1984年，在国务院学位委员会相关会议上，先生作为学科代表，就在全国设立水土保持学科的必要性、可行性作了汇报。经学位委员会批准，中国的水土保持学科终于建立了。1985年开始培养博士研究生，为此，先生成了全国第一位水土保持学科博士生导师。截至1998年7月，仅北京林业大学水土保持学院就已培养本科生1493人、硕士生87人、博士生32人。1983年以后，西北林学院、内蒙古林学院、山西农业大学等农林院校也相继成立了水土保持专业。另外，一些水利专科学院也设立了水土保持专业。在国家教育委员会培养人才的专业目录中，水土保持已列为重点支持发展的学科之一。

以上成绩，都是和先生努力工作分不开的。可以说，他对水土保持事业、水土保持教育，就是这么坚持，这么认真，这么执着，这么鞠躬尽瘁、奋斗终生。

正确对待运动，正确对待名利

先生在日本留学期间，曾写过反满抗日的文章，由此引发了一些不该有的事情。“文革”开始后不久，被隔离审查，期间，曾做过淘大粪、扫厕所、拔草等劳动。专案组经过大量、多方面的调查，证明先生的历史是清楚的。先生曾说过，水土保持专业毕业生应该当三站站长（水土保持站、治沙站、防护林站）等言论，因此，批判他读书做官论，培养资产阶级接班人，后来，学校要求教师下到各个班，和学生一起搞活动，先生和我下到水64-1班。来到这个班的还有部分外语教研室和化学教研室的老师，这些老师，虽然也和我们一起批判先生，但他（她）们内心和绝大多数师生一样，很同情先生，认为先生老老实实、勤勤恳恳工作，早应该平反解放。先生对运动中对他不公正的做法毫无怨言。

1942年，先生在北京大学农学院任教时，就是副教授了，由于种种原因，时隔38年，直到1980年才被评为教授。对这事，先生很坦然，并说：教授副教授一样，踏踏实实做事情。他曾对经理教研室的唐宗桢老师说：“你们都对我抱不平（指没评为教授），教授前面还得加一个副字。”这期间，先生仍是积极工作，刻苦学习。学校搬回北京，由于图书还没开封，他让我在河北农大图书馆给他借书。先生夜间看书，经常通宵达旦。

艰苦朴素，平易近人

先生平时不太注意衣表，也没有教授架子，常说，自己也不像教授，甚至有的人说，先生和食堂大师傅在一起分不清哪个是先生，哪个是大师傅。

1965年3～4月间，水61、林61班部分学生在怀柔县琉璃庙公社进行毕业实习，关先生、高志义先生、王礼先先生和我指导实习，一天晚上，关先生有要事要回学校（当时交通非常不便），先生硬是一夜走了九十里的山路，天明到了县城。

1965年9月，当时的森改教研组、水改教研组的大部分教师和水62、水63全体学生去甘肃庆阳地区参加社教运动，出发时，杨锦堂院长用车接送关先生和秦尔昌先生到北京站，并对二位先生说，能参加多久，就参加多久，不行就回来（我负责后勤、财务工作，有些事情比较清楚）。二位先生一直坚持到1966年3月社教运动结束。

社教期间，在我们回学校过春节休假的路上，先生鞋底一块皮子掉了，先生包好带回了家，一位老先生对此提出了质疑（控告小气）。

先生自己花钱买材料，不顾休息，连夜组装了一台半导体收音机，回到社教地区送给房东，难道这也算小气吗！勤俭节约，是中华民族的传统美德。香港亿万富翁李嘉诚先生，几枚硬币掉进了酒店门口的水沟里，李先生找了很长时间没有找到，一位员工帮他找到了，他给了这位员工远远超过几枚硬币的钱。不也是这个道理吗！

先生经常在山区工作，无论走到哪里，都能和群众打成一片，并建立深厚的感情。

回顾先生所取得的成绩，在某种程度上，是群众的智慧、群众的经验、群众的朴实、群众的实干精神，给了他很大的帮助。

在先生100周年诞辰之际，仅以此拙文缅怀先生的丰功伟绩。

不忘母校培养，不忘恩师教诲

——献给关君蔚先生诞辰100周年

李凤彩

2016年8月下旬收到《北林校友》2016年第二期，我一口气看完了登载的“纪念关君蔚先生诞辰100周年”文集征稿启事，我是关君蔚教授的学生，应该写上一篇，可是写些什么呢？想了好几天才动笔。

我于1957年7月在西宁农校毕业，被分配到青海省农林厅山区规划队工作；1959年9月被农林厅党委保送到北京林学院林业系水保59班学习水土保持专业；1963年12月毕业，迄今半个多世纪了。当年风华正茂的大学生，如今成了白发苍苍的84岁的老头儿了。

通过回忆，在母校学习四年半当中，给我们上过基础课的老师其姓名都忘记了；给我们上过专业课的老师还记着一些，如：植物生理学的老师——王振儒教授，造林学的老师——沈国舫教授，水文水利学的老师——

王礼先教授，森林土壤改良学的老师——高志义教授，农业土壤改良学的老师——秦××教授，水土保持原理学的老师——关君蔚教授及毕业论文指导老师——阎树文教授，在此一并致谢！

关君蔚教授是我们水土保持专业的老师，我对关君蔚教授的印象颇深，刚开始给我们讲水土保持原理课时说："我讲课很活，同学们反映笔记不好记……"，又说"一株玉米也能起到水土保持作用……"关君蔚教授戴着一副明光闪闪的眼镜，讲话时双肩一耸一耸的。关君蔚教授学术思想是照耀我以后从事水土保持事业的灯塔。当我站在讲台上讲完毕业论文时，关君蔚教授说李凤彩这个学生时间把握得真好（规定30分钟）。

1963年12月毕业离校十多年以后的70年代，万万没有想到，关君蔚教授来青海给全省的林业干部作学术报告，受到热烈的欢迎，报告结束后，被省上有关领导请去了，此次没有遇面。

20世纪70年代，中央林业部委托山西省在偏关县举办黄河中游集体造林规划设计训练班，关君蔚教授不辞辛苦，远道而来，给学员们作学术报告，受到热烈的欢迎。这次我和关君蔚教授遇了面，我给他讲我是水保59班的学生李凤彩，他听了后说，我记不清了。临走时，我给关教授买了些当地大红枣。我回去后又参加省林业局在尖扎县举办的训练班。

我将母校恩师传授的知识和技术，运用于工作实践，做出了成绩。我主持完成了乐都县集体造林规划设计任务，受到县委领导好评。1980年3月至1987年9月，我在乐都林业站任站长期间，主持完成了联合国世界粮食计划署援建项目——乐都县大石滩灌区2708-6工程项目中林业工程，从调查设计规划入手，组织干部群众逐年逐项落实，截至1987年完成水土保持林3280亩，占任务的82.83%；四旁植树152520棵，占任务的81.13%。通过荒山造林，保持了水土，有效地改善了自然生态环境。同时，绿化干渠10公里，绿树成荫，改善了干渠的面貌。

1982年，我在海东千山研究所工作期间，撰写“浅谈海东地区水土保持与发展林业问题”论文，同年在全省水土保持学术会议上交流，其论文入编《21世纪理论与发展优秀论坛精典》一书，其成就和业绩编入《中华的骄傲》和《中国专家大辞典》书中，上述成绩的取得，应归功于母校的培养和恩师的教诲。

赋诗一首表达对恩师关君蔚院士的怀念：

恩师重如山

北林学习四多秋，师传知识如山丘。
别离母校五十载，回忆恩师尽风流。

回忆关老：怀念关君蔚院士

印嘉佑

关君蔚院士于2007年12月29日与世长辞，享年91岁高龄。关先生一直有目共睹，此处应用《中国科学技术专家传略·农学编·林业卷1》中有关关君蔚传略的文前引言，可概括其一生业绩："关君蔚，水土保持学家，水土保持教育的开拓者，长期致力于中国水土保持、防护林体系的教学和科研，创办了中高等林业院校第一个水土保持专业和水土保持系，建立了具有中国特色的水土保持科学体系。长期深入实际，在山区建设、泥石流治理、防护林体系理论等基础研究领域取得重要成绩，指导了生产实践，为中国水土保持事业的发展做出了突出的贡献。"

有关介绍先生业绩的文章，有多篇见诸报端与刊头，并多次出现于电脑

本文选自《流金岁月　笔走北林》。

视频上，这些公知的内容就不赘述。现就我所了解的有关关先生的一些鲜为人知的几件往事记述几句，以飨读者。

帮助关先生搬家

1972年春天，学校下放云南期间从丽江迁往下关。当时一般来说是打前站者在下关找好一家住房（白族老乡家），然后通知要搬家的人员做准备，一周后安排货运车至住处装车，次日与乘客车的人同时出发到达下关。可当时关先生因历史问题未作结论，不能与大家享受同等待遇。4月的一日，驻白华村的监对李某忽然通知关先生于明晨装车搬家，急坏了关先生与董莉老两口，关先生也不敢申辩，只好突击整理，找到了王斌瑞和我（因为当时在白华所剩仅有几家，大家大多都已分批前往下关）帮助装箱打捆，从下午一直忙到次日凌晨两点算是基本就绪。第二天清晨又帮助装车，此时才知老两口一夜未眠，可见当时关先生的处境。

找回了关先生的照片

1972年学校决定全迁下关，当时对全校组织机构进行了全面大调整。我被调整到教育革命组下科研组的科技情报资料组（这是当时的叫法，连国务院的下属机构都叫组，如科教组、文化组）。因为要搬家，住在白华村的林兆铭和我奉命去江城内附三（校本部）上班，整理教育革命组的材料装箱待运。在整理过程中发现一个木箱内有关先生野外科研的照片与底片，还有不少他家私人照片（包括今日经常展示的他与董莉的结婚照）。待迁到下关后，恰与关先生同住在文献村，一次聊天，说起关先生照片之事，他得知后喜出望外。关先生告诉我，那是1969年的“红八月”，红卫兵抄家时，他见形势不好，早有准备，当时他老伴董莉在院办工作，负责重大事件的拍照与洗印任务，在专业楼设有暗室。在一个月黑之夜，他把家中全部照片与底片，偷存入学校暗室。因此，在抄家时幸免被毁。他说他早已不抱希望，想不到它们还能保存下来。一日我陪关先生来到下关党校（当时校本部批次）教育革命组织找到了藏照片的木箱，取出了他私藏的照片与底片。我用自行车帮他运回文献村。这些照片对他的科研是有重要作用的，特别有一些地方实施水保措施前后几十年的对照原始珍贵资料。当时我心中一是庆幸照片没有遗失；二是赞扬关先生为了水保事业，冒着危险去偷藏照片的举动。

关先生对我单独教练

1976年3～4月，林业系的环保组织在昆明市郊区普宁县古城公社搞环保科研。同时由关君蔚先生领导当时林业系一年制的“社来社去”班20名同学负责该公社以环保为主的发展规划。

在此顺便讲一下该“社来社去”班的情况。当时“四人帮”要求全国大学学朝农。我校甄林枫（1915—1992）提出“林院变朝农”，于是招收了一个“社来社去”班，由董士仁和赵乃福先生担任班主任，董先生负责业务学习，赵先生负责思想及学院管理。最近无意中发现当年的一个工作笔记本，记载了这个班的情况。该班学员20名，全部来自昆明市郊区的呈贡、富民、安宁和晋宁等县。20名中有党员1人，团员7人，全部出身贫下中农。从学历看只有高中生1名，小学生4名，其余为初中生。这个情况在今天看是无法理解的。

搞规划先要搞现状调查。关先生建议，将20人分成两组，他亲自带一组，另外叫我带一组进行野外填表制图。我说，我未搞过水保现状调查，关先生说，“你学过地理，搞过地貌调查，这没有多大差别”，但我还是不敢承担调查重任。关先生最后决定推迟一天，请董先生给学生讲测量仪器使用，他带我单独上山对我教练了一天外业操作，让我第二天带学生调查，这真是现趸现卖！

规划搞完，第二天去晋宁县委汇报。汇报之前要整理资料，关先生叫我帮他计算数据（当时只能用算盘，没有计算器），那天一直搞到凌晨3点，他叫我休息，但他却独自整理资料到天亮，一夜未眠！

同去县委汇报的有关先生、王慧身、邵海蓉和我四人，公社派了一辆马车送我们前往。记得车行至磷肥厂外，正赶上大烟囱跑酸，我们几个人的身上都落了酸滴，回来发现上衣均成了筛子。在去县委的车上关先生一直与陪同前往的公社老王同志聊天，去县委等候开会时与县环保部门的同志攀谈。后来关先生告诉我这是工作方法，摸清基层的看法，以免汇报有误。

“我不是教授”

1979年年底，林业部与中国林学会联合举办“‘三北’防护林工程论证会”（会议在毛主席纪念堂招待所，即今天的宣武门饭店举行）。会前关先生与科研处领导商议，让我与会参加资料组工作。其实关先生之意是想要一套资料。因与会有200多位代表，且有的单位送材料量少，所以完整无缺的全套材料不多。去报到后，关先生一再叮嘱我为他搞一套完整资料，可见其用心良苦！

会议有一天大会发言，会议主持人介绍，请关君蔚教授作报告。关先生上台用右手食指指着自己鼻子说：“我姓关名君蔚，是副教授”（这源于1978年春季恢复了停止20多年的职称评定。当时我校被云南省委宣传部批准晋升教授有申宗圻、任伟二位。副教授有孙时轩等13名，讲师有114名。本应晋升教授的关先生被云南省委以有历史问题为由否定）散会后在餐厅吃午饭，关先生与罗玉川部长坐在一桌，正好有个空座位，于是我也忝列其桌。罗部长对关先生说："老关，你有意见对我讲好啦！在会场上当着坐在台下的国家农委第一副主任张平化同志，多不好啊！"这件事反映了当时技术职称还受"政治因素"干扰，也说明关先生的声明是多么无奈！

慎重对待学术问题

20世纪80年代中期，我被聘为《中国农业百科全书·林业卷》总论部分的特约编辑。此时同时着手编辑的尚有《中国大百科全书·农业卷》（含林业）、《中国水利百科全书·水土保持卷》。关先生在这三种"百科"中分担了不少词条写作任务，可他常把稿件搞混，不知应把稿件交给哪卷。但他对承担《"三北"防护林体系工程》这个词条真是慎之又慎，迟迟未能交稿，找他几次都以种种理由推脱，只好找了林业部宣传司的封加平同志（现国家林业局总工程师）赶写而解决了问题。后来关先生得知此稿已换人撰写了，他才说出真相，说对"三北"防护林工程，现在社会上有不同看法，写进百科全书词条不好处理，有人写了就成了！

关先生赠我两本著作

从云南迁回北京，形势一天天好起来，关先生在教学、科研第一线，经常出差在外。对校内情况就了解较少。故在上世纪80～90年代常找我去聊天，了解情况。

在聊天时，他常对我说："由于专业领域不同，别人出差去沿海大城市，我去西北黄土高原；别人出访去美国、欧洲诸国，我出访则去土耳其。"

一次他对我讲，1976年“反击右倾翻案风”时，他借机出差，躲到了西北农学院找到了原院长辛树帜（1894—1977）先生，去古农史研究所读古书。此时与辛老先生共同撰写了《中国水土保持概论》一书，此书于1982年由农业出版社出版。当此书出版时关先生赠了我一本，成书的背景是逃避运动的成果。

1995年关先生当选中国工程院院士，已退休的他又恢复了工作，依旧不停地出差调研，笔耕不辍。清华大学出版社于2006年6月出版了关先生撰写的“院士科普书系”《运筹帷幄，决胜千里——从生态控制系统工程谈起》一书，关先生送了我一册，还在扉页上谦虚地写上了“嘉佑学长留念，关君蔚敬赠，2006年6月于北京”。我的体会这是对后者的鼓励之词，我当以此自勉。

以上六件事的记述，算是对关君蔚先生的怀念之词吧！安息吧！关老师走好！

回忆关老：探索终生

铁铮

一、不怕热的老人

北京的天气预报，报出了37摄氏度。

我和关老——中国工程院院士关君蔚，约好的时间是下午两点，是一天差不多温度最高的时候。我有些犯怵，建议找一个有空调的屋子。这种天气又闷又热，不干事都出汗，哪里还有心情采访。

关老说，没事，还是到我办公室吧。我有电扇。

看着这位比我年龄差不多大一倍的老人，我不好再说什么了。

还在楼道里，就听到关老的办公室传出了有些刺耳的打印声。关老早就到了，边工作，边等我。把我让到沙发上坐，他坐在了对面。工作间很拥

本文选自《祖国以你为荣》。

挤，说我和他促膝谈心也不过分。

热情过度的太阳，把酷暑倾泻在南面那扇宽大的窗子上。我却感到了一股风迎面吹来。关老师把唯一的百叶窗式的电扇，早就摆在了能够正好吹到我的最佳位置。他起身拿出了从家里带来的大瓶可乐，为我倒上了满满一杯。一股凉意，使我安静了许多。

我是关老的学生，真的有些受宠若惊。

望着瘦弱的关老，我问，您是不热，还是不怕热？他回答说，不怕。

我明白了。

其实，谁都希望能够舒适些，但面对困难和逆境，有的人会屈服，会退缩，会停滞，会畏惧。有的人却笑着迎了上去，战胜它，征服它，把它踩在脚底下，自己就成了真正的强者。

如此想来，我感到闷热的天气似乎不再那么难以忍耐了。

关老师不等我提问，先“教训”了我一通：你一定知道魏巍，他写出了《谁是最可爱的人》，成了大名人。你就不能多写写科学家，写出名来？从不同的角度，写不同的人，或者从不同的角度写一个人。搞水土保持的，我可以举出100个人。搞森林经理的，我也可以举出50个，但专长写科学家的还不多。

关老话之诚恳，情之深切，吓得我，都不敢在师长面前放肆了。

其实不止是对我，他对他的每一个认识或不认识的学生、每一个是水保专业或其他专业的学生，都会那么关心、那么爱护、那么实心实意。只要学生请他，不管是做报告还是办讲座，他准是一口答应。

关老，老的标志之一，就是耳朵不好用。你和他聊天，还要喊着点才行。但令人没有想到的是，他竟然在办公室里养了两只蝈蝈。他连人说话都听不清，还能听到蝈蝈的叫声？

童心未泯的他可上心了，每天都要喂蝈蝈。赶上出差，就要用小葫芦把它们装着带回家里。老伴儿董先生其实挺烦那种单调而执着的叫声的。但有什么办法呢？为了关老，她只得委屈自己，以求蝈蝈之全了。

二、抗性最强的树

我坐的沙发旁紧挨着两个大柜子。透过玻璃，可以看到里面整整齐齐地码放着100多个大的纸袋子。里面装的全是关老精心保留下来的宝贵资料。这是1966年至1978年，全国水土保持方面的会议资料。在某种意义上说，这是一部“文革”期间的中国水土保持史。这些资料证明，尽管时局动荡不安，但我国的林业、生态、水土保持方面的会议一直都没有间断。在那么艰苦的条件下，有时甚至个人的生命安危都没有保障，不少人还能够坚持工作。关老说，这些人值得崇敬和纪念。

值得崇敬和纪念的，当然应该包括关老自己。事实上，关老的事业史在这段时间一直都没有间断。尽管他受到了冲击，尽管他身处逆境，但他还是没有虚度光阴，还是没有颓废失落，而是充分利用了所有能够利用的条件。在条件好的情况下，能够奋发向上，应该受到肯定。身处逆境，还能自强不息，更为难能可贵。

它是一棵树，一棵抗性强的树。

“文革”开始之初，有着在日本留学历史的关先生，肯定是首当其冲。很快，厄运就降临了。他被派去跟着马车拉粪。他站在马车上，别人把一桶粪递给他。他没有提起那桶粪，反倒让粪桶把他自己从马车上坠了下来，人到没有伤着，粪汤子却浇了一身。赶马车的师傅可吓坏了，找到头头说赶紧给他换个差事吧，要不非出人命不可。其实，关老清楚，这是为了保护自己。

新岗位是打扫楼里的厕所。领班的王嫂和赶车师傅是一家的。王嫂说，厕所不用你扫。你就在我的小屋里待着，千万不要出门，你爱看什么就看什么，爱干什么就干什么。那个小小的工作间，只能放下一张床。他就在那里憋了差不多一个冬天。等他结束这段地下生活时，《水土保持原理》的教材已经修改完了。

事后，他想，只要自己愿意干的事情，不管是条件多么恶劣，他都能坚持下来。这可能就是事业的力量。

在流放云南的日子，他被分到了新平林场。这是个没有开发的林区，是少数民族彝族居住的地区。那一眼望不到边的云南松树，是绝对的天然林。徜徉在林海深处，他想起了早年留学日本的日子。那时候，有的日本老师笑话他，作为中国人却没有看过中国的林区。他不服气，利用假期专门回国到长白山林区去了一趟。这次眼前却是亚热带的原始林。能够在这里锻炼，不就和再上一次大学一样吗。

这么一想，他的心里乐开了花。但一直生活在城里的夫人哪里受得了呢？偏远、闭塞、艰苦，住的房子都是刚刚用木板搭起来的。

他很快发现，自己的担心是多余的。董先生把自己的缝纫机不远千里带来了，为工人们缝缝补补，成了最受大家欢迎的人。朴实憨厚的人们投桃报李，送来了吃的菜、蘑菇之类的。其实，董先生之所以能够随遇而安，完全是因为这里远离了尘世的喧嚣和嘈杂，远离了动乱和批斗。看到关老在这个世外桃源里如鱼得水，她能不高兴吗？

开始，他被分配去浇水，是个轻活。他不干，主动要求到采伐队。他的理由是，浇水这么关键的岗位，让我去干，别人喝了水闹肚子怎么办？其实，他心里有个小九九，到林区来了，不到林子里去，那该多遗憾呀。劳模徐师傅收留了他。他的活是把一棵棵伐倒的云南松上的树皮刮下来。活虽不大累，但松油弄得哪都是。他根本不在乎。他整天泡在林子里，除了干活，就是自己东看西看，跟搞森林调查一个样。很快，整个林区的情况他都装在了心里。

爱琢磨的人，什么时候都会启动自己智慧的脑子。他看到，伐下的树木被硬拉下山，所过之处都留下了深深的痕迹。那可是水土流失的隐患。他和工人师傅一起，琢磨着不破坏地上植被的方法。他们研究出来架空索道运材的新方法，六七十厘米粗的大树干从空中稳稳当当地滑下来，距离有几里地长，不但不需要一点动力，还能把需要运上去的物品带上去。大家看他干得踏实，要选他当劳模，可上边哪敢同意呢。结果，不但他没当成，老劳模徐师傅也因同情他而落了选。

三、事业总也忘不了

日子一天天过去，花落花开。

学校辗转到了昆明楸木园。

这里是中国科学院植物所的老根据地，还剩下了一些仪器、标本和资料。看到已经有些生疏了的“老朋友”，关老只能偷偷地乐。

他三天两头往管理员老王那里跑，很快就在老王那里拿到了“签证”。他几乎成了那里的留守人员。老王要回家两个月，自然就把钥匙递到了他手上。这下，他更方便了。仪器修了修就派上了用场，在林区采集的标本在这里找到了拉丁名，蔡希陶老先生当年的调查报告、考察路线，都被他翻到了。尽管时局动荡不安，他的内心却被自己所挚爱的东西平静了下来。

有的人虚度了光阴，他却抓住了分分秒秒。

生命的长短实际上是一个相对的概念。充分利用了分分秒秒，有限的生命就延长了。别人的一天，他就能当两天过。他参加了温泉公社的规划、昆阳磷肥厂的环境保护规划等。后来，周总理主持的、西哈努克亲王参加的四国三方会议就在秀丽的温泉召开了。

间断多年的招生工作恢复了。水土保持专业的学生在北方上课。他成了南北两栖的人物。既可以在云南，又可以到河北。那个年代，火车跑得慢，而且还需要多次换车。颠沛流离之苦，到了他这里却成了大开眼界之福。他从昆明到成都，途径兰州，再过北京，最后到河北。所到之处，他都要到林业部门去转转，收集各方面的资料。只要是听说有会议，他都会直奔会场。

林业部副部长梁昌武在山西运城主持召开林业会议。突然发现关君蔚风尘仆仆地闯了进来。他一下子愣住了。没有邀请他呀。身边的同志告诉梁副部长，他从来都是不请自到。没有他的住处，他就住进了资料室。

那时的会议，没有什么好招待的，也不发什么纪念品，只是认认真真地研究些问题。他赖皮赖脸地蹭会，目的就是为了在有限的时间里，掌握更多的情况，触摸林业发展的脉搏。作为一个很讲面子的知识分子，如果不是为了自己所痴迷的事业，这个脸是拉不下来的。他现在保存下来的那个时代的资料，多数都是通过这个途径收集起来的。

在他看来，科学是干出来的，不是说出来的。只有踏踏实实地去干，才可能有所收获。

四、重要是战胜自己

关老的道路，原本就是不平坦的。他一直都说自己是生不逢时。用他的话说，先天不足，发育滞后，弱智低能，虽4岁就上私塾，直到27岁才从日本留学回国。他只念了8年书，其余19年都是玩过去了。

起初，他在奉天省立第二工科高级中学学采矿冶金本科。看他日益瘦弱，大夫劝他改学农科。于是，他到熊岳城农事试验场，学果树、蔬菜、花卉栽培，以及林业和农业产品的加工技术。1937年，考取了公费留学日本只身东渡。

在日本期间，他生平第一次开始发奋读书，废寝忘食，如饥似渴，涉猎了大量书籍。他偏爱森林生态学，利用假期到野外考察，在实践中学习。日本的山山岭岭，印下了他的足迹。在此期间，溥仪访日，他到车站迎接，他本人还是满族后裔，但却被扣上了“反满抗日”的帽子。毕业典礼之前，他离开东京，经下关、釜山、沈阳、哈尔滨、长春、山海关，一路辗转，到了北京。他先是在北京大学农学院林学系，主讲森林理水砂防工学、测树学，后又到了锦州。没有合适的职位，他又返回北京。几经周折，他到了河北农学院森林系。

在保定报到后，他先做了一套土布工作服，和学生们一起，走进了革命老区。此后的两年时间内，他跑遍了旧河北的山山水水，和广大农民结下了深厚的情谊。

北京林学院一成立，他调到了北京。副教授一直当了35年，直到1980年，才被晋升为教授。他的这辈子，基本没有离开过学校，常常自诩为“一门干部”。虽然艰苦，不被人重视，但他却说，冷门，与人无争，可以自由发展。

他说，不怕别人瞧不起，就怕自己瞧不起自己。不怕战胜不了困难，就怕战胜不了自己。

五、托起新的太阳

关老是我国水土保持的元老。

差不多半个世纪以来，他和同事们一起，默默地为我国的水土保持学科的发展奠基、铺路、架桥。他们，用自己的努力，用自己的心血，用自己的年华，托起了一轮新的太阳。

为了创建有中国特色的水土保持学科体系，他进行了反复的研究和探索。对水土保持的定义、目标、理论基础、内涵和边界做了科学系统的论述。他带领大家，结合中国实际，编写出了《水土保持学》《水土保持原理》等教材。他的观点，有的被收入中国大百科全书，有的被森林法、水土保持法引用。

他根据中国的实际情况，努力将世界上几个主要国家的水土保持科学成就融合在一起。在此基础上，发展创新为具有中国特色的水土保持科学理论，并使其成为具有世界水平的水土保持学科体系。

为了治理中国的水土流失，他总是在不停地探索。不断地提出新的理论，不断地发表新的观点，不断地创造新的构想。

1949年，他在河北农学院的讲台上，为林学系和农田水利系的学生开出了水土保持课。1957年，全国林业大专院校专业委员会成立了水土保持专业委员会，他担任主任委员，主持研究并制订了专业、课程设置和教学大纲等。

同年，全国第二次水土保持会议决定，在高校中成立水土保持专业。北京林学院承担了这个创业的任务。他和同事们克服了一个又一个困难，培养出了第一批水土保持专业的大学生。他们赶编了全国第一本《水土保持学》统编教材，为全国农林院校培养了第一批主讲水土保持课程的教师。他是第一任水土保持专业负责人，第一任水土保持系主任，全国水土保持学科第一位博士生导师。1984年，他参加了国务院学位委员会召开的会议，就水土保持学科的特点及北京林业大学水土保持系的工作基础、师资力量和取得的成就做了汇报。经学位委员会的批准，中国的水土保持学科终于建成了。

水土保持学是一门应用技术科学，只能在广阔的天地里才能学好。他一方面深入实际，在治理山区中成长，同时，把学生领出了教室、领出了课堂、领出了学校。他说，教学和实践的紧密结合，是培养水土保持人才的必经之路。

结合妙峰山林场的建设需求，他和师生们一起，探索了华北石山区立地条件和造林类型，满足了生产的需要，在全国范围内推广。他不但被中国科学院聘为兼职研究员，还引起了当时苏联科学院的重视。

六、把爱写在大地上

1950年，京西清水河山洪暴发。滚滚洪水携泥带石，咆哮而下。房屋被冲垮了，农田被冲垮了，无辜的百姓被夺去了生命。怀着沉重的心情，他反复考察、研究，提出了工程措施和生物措施相结合的治理方案。在田寺东沟，他亲自指导完成了石洪治理工程，没有用一斤水泥，高质量地完成了施工。迄今，前后经历过三次相似暴雨的考验，工程依然安然无恙！这成了水土保持史上的一个奇迹。

1972年，大雨中，列车从昆明开往东川。车上，坐着他，我们的关先生。列车驶过一条沟道时，他的神经一下子紧张起来了。“这里将发生泥石流。”两天后，他的预测被证实了。

为了摸清泥石流发生的条件、规模和运动规律，找出相应的预防和治理措施，他多少次到泥石流易发区实地考察、调查研究，收集我国各种不同类型的泥石流的特性、形态等资料。

在泥石流的预测、预报和治理方面，他取得了科学上的重大突破。他的研究成果石洪的运动规律及其防治途径的研究，获得了1979年全国科学大会的奖励。他总结出的具有中国特色的“因害设防，生物措施与工程措施相结合”综合治理泥石流的方案，在我国逐步实行，并收到了显著的治理效果。

在山区治理上，他提出了许多有指导意义的思想。“水土保持效益、经济效益和社会效益同步实现”的思想，“靠山吃山要养山，要充分挖掘山区土地的多种多样的生产潜力”的建设途径，山区土地利用规划的新方法和基本原则，还提出了在山区建设中以林促牧、以牧养农、多种经营、综合发展的具体措施，解决了“滴水归田”等提高旱地粮食产量的实际问题。

他参加和指导了防护林建设工作，参与了冀北沙荒区、永定河下游沙荒区、豫东黄河故道沙地、陕西和内蒙古沙区的固沙防护林的建设。他在《甘肃黄土丘陵地区水土保持林林种调查》论文中，提出了水土保持林体系的概念。这在我国林业科技史上还是第一次，也是防护林体系概念的萌芽，使水土保持林建设和理论研究大大向前推进了一步。他在参加“三北”防护林的准备工作中，提出了防护林的林种和体系的理论，把中国的防护林建设推向了一个新的水平。他在《我国防护林体系的形成和发展》一文中，提出的论点，成了中国“三北”防护林体系建设的科学理论基础，还被广泛应用于其他防护林体系的建设中。他担任了“三北”防护林建设局的技术顾问，为这项工程建设做出了贡献。

他得到过不少表彰和奖励。1983年被授予“全国水土保持先进个人”称号，1989年荣获“全国优秀教师”奖章，2001年被评为北京市先进工作者。2002年他被评为全国治沙标兵，那天他神采奕奕地第一个上台领奖，胸前还佩戴着红红的绶带。

七、动不动就有危机感

随着年龄的增长，他的一些看法得到了改变。他把生不逢时改成了生幸逢时。一字之差，对人生的理解就深刻得多了。

他年纪虽然大了，但动不动就有危机感。他从不是知难而退。他总是说，一般来讲，个别人是天才，个别人有毛病，多数人都差不太多。但人和人为什么会有那么大差别，原因在于后天的努力。他说自己早在10多岁时，就已经意识到了自己先天的不足。他瘦弱，为了防备别人的欺负，他就和运动员们打得火热。不会打篮球的他，留学时竟带着篮球队回国，从抚顺、沈阳、长春，一直打到了哈尔滨。他当教研室主任、系主任时也总是注意发挥副职的作用。因为，这可以弥补自己的不足，更重要的弥补办法是勤奋。

他的绝大多数成绩是在休息日干出来的。一到寒暑假他就没有影子了。“五一”、“十一”也找不到他。别人议论说，他是因为有历史问题，一到过节就躲出去了。传来传去，老伴就有点受不了了。“今年的‘五一’，你说什么也要在家过。”可他根本不管怎么说，一到放假又走了。

人不可能总是一帆风顺。但他从不让烦心事影响自己的情绪。他没有什么特别想不开的时候。成功和失败的机遇是均衡的。成功了，更好；失败了，也非常正常。干一件事情，不管怎么样，他都不会放弃。即便干不了，他也只是暂时放一下，机会一旦来了，条件一旦成熟，他又接着干。他从不抱什么侥幸心理。总想捡便宜是不行的。天底下哪有那么多便宜让你捡呀。要能够扔开一些事情。

水土保持是一个艰苦的行业。学水保、搞水保的，都必须学会吃苦的基本功。他也是喝过洋牛奶、吃过面包的人，穿上西服特别有风度。但他什么苦都能吃得进、咽得进、消化得了。当年，他留学日本，口袋里的钱可供4人用。在旧北大教书时，他也过着吃穿不愁、置买房产的生活。但就是他，却为了中国的农民早日脱贫致富，吃了许多苦，受了许多罪。

看着弱不禁风的他，还在四处奔波，人们都在为他担心。他总是笑笑说，没关系的，我已经久经考验了。在市内外出，如果不是很远，他就走路。他听力差，我都怕他听不到汽车喇叭。他还说没事，没事。在人来人往中，他低着头匆匆地赶路。没人注意他，没有人知道他是个著名的院士，没有人知道他为国家做出了多大的贡献。

在地球表面上看中国，他几乎全都看到了。如果有机会能到另一个空间看看地球，他宁愿死也觉得值。哪怕是看一眼，他都觉得够本。这是多么可怕的念头！

八、夕阳下吟唱探索的歌

对于“study”这个词，常人都译作研究，但在关老的字典里，却成了探索。他说，探索更有冒险精神。小孩子一出生，就是在探索中成长的。只要一探索，就上瘾了，总想超前一步。不管是谁，都可以证明这一点。

他对于大事小事，都有这种探索的精神。自然界繁殖的蝈蝈一年只有一代，人工饲养的就可以两三代。他养得已经繁殖到了第四代，可以全年都听到蝈蝈的叫声了。

已经85岁的老人，却对死没有丝毫的惧怕。对于生死问题他真的置之度外。他说，蝈蝈会死去，人也会死。这是自然规律，怕也不行。不怕说不定还可以多活几天。

人家都说，“80多岁，院士，早就功成名就了。还图什么，还奋斗个什么劲？”他说，如果看成是探索，味道就不一样了。探索是无止境的。在探索中，就只剩下事业了，就没有自己了，就可以做到忘我了。

环境以及全球气候的变化，没有被放在重要位置上，他对此有些耿耿于怀。对克隆人摆在了那么高的位置，他有些愤愤不平。他举例说，是孙子重要还是孙子的孩子重要？当然首先应该解读好孙子的问题。

他随手为我写下来一个公式。流速等于流入断面积与流入坡度乘积开平方，再乘以流速系数。他说，这个公式水力学上一直用到了现在。这个流速，一定是平均的、等速的。风吹沙跑，水土流失，风和水都是流体，但得到的流速都是平均等速的，不能测湍流和涡流。用今天的眼光看，线性化本身是不科学的。水土保持发展到今天，如何解决这个问题，关老考虑了10多年。他雄心勃勃，要重新建立水土保持科学的理论基础。这还涉及非线性动力学。科学家卫星上天的事情都忙不过来了，要解决水土保持中的问题，主要靠水保界自己。他说，我自己只有老高中毕业的数学基础，要攻下来难度很大。

关老的办公室，更像一个水土保持档案馆。20世纪50年代野外调查时拍的图片，足足有8000到1万来张。1952年，苏联专家首次带到中国的一些彩色胶卷。他用来拍摄了在塞罕坝野外调查时的情景。前几天，他用计算机将褪了色的照片又还原了色彩，仿佛又回到了风华正茂的年代。两个大柜橱里，装的全都是彩色照片资料、野外时拍的资料。每一张照片，都是他探索之路上的一个足迹。

后来，他有了小型摄像机。开始用录像带记录野外调查的足迹。只见49盘，每盘2小时的带子整整齐齐地摆在那里，无言地证明了这位事业老人为中国水保事业所付出的宝贵岁月。还有37盘每盘3小时的另一种规格的录像带。录像带的盒子上，他工工整整地写着“红黑绿前奏曲”、“绿色的希望”、“锦绣河山”、“老区纪行”、“塞上明珠”等。他已经从中选择编成了10多盘精品。

九、生命不息，探索不止

近10年来，他锐意以生态脆弱的老少边穷地区为突破口，运用现代科学技术成就，为超前建立更高层次的“生态控制系统工程学”而努力。他的书被列入院士系列丛书出版后，特意给熟人们送去指正，还向林业部门捐赠。

一位85岁老人，还是一天到晚不闲着。什么新疆、云南，说走就走。如果没有外出，十有八九，在他的办公室里。坐在那台已经落伍的计算机前，他还在追赶着时代前进的步伐。

毫无疑问，关老的探索，是一生最重要的事情。

青松不老，永矗心中

宋吉红

人的一生，或重于泰山，或轻于鸿毛。今年是关君蔚院士诞辰100周年，每每追忆起这位老人，都会被他的人格、精神与学识所感动、鼓舞。在关先生清瘦的身体里，承载着生命之重、事业之重、责任之重。他如同一株茂盛的青松，迎风傲骨，永远挺立！他的一生，是追求知识的一生，是热爱自然的一生，是为创建具有当代中国特色水土保持学科体系而努力奋斗的一生，是致力于造福生态脆弱的老少边穷地区、改善我国生态环境的一生，是用现代科学技术成就为超前建立更高层次的“生态控制系统工程”而努力并卓有建树的一生。关先生有多个身份：中国水土保持教育事业的开拓者和奠基人、中国工程院资深院士、著名水土保持教育学家等，先生的一生代表着我国水土保持事业发展的光辉历程，他在水土保持事业中的卓越贡献受到世人称颂，是我们心中的泰斗。

关先生成就突出、位尊名大，但在现实生活中，他就是我们的一位老师、教授、学者、亲人。他的音容笑貌、一言一行是如此贴近我们，以至于他驾鹤西去十载，大家仍然能够感觉到他的存在，影响一代又一代北林学子，这就是一个人的人格魅力，正如他慈祥脸上永远保持的微笑、校园里轻盈走过的步伐，令很多人时常想起。

作为一名水保学子，我对关先生是仰慕的、崇敬的，且十分有幸在他的金色暮年里，既成为了他的博士生，又能够以助手角色协助一直不配备专职

关先生（前排右七）与毕业生们在一起

关先生参加学院活动

秘书的他一起工作，从而有更多机会近距离地与先生接触，了解他质朴的人格、崇高的境界和执着的事业追求，接受来自于先生的人生启迪、精神鼓舞与学业指导。

关先生给我提了一个要求

2007年，关先生病了，病得很重，我与云南金禹生态工程咨询有限公司董事长、95级校友周祥先生一起去家里看望。他虚弱卧床，看到我们到来精神格外好，从病情很快就聊到了工作上。他说：自己最大的欣慰是看到学院培养出更多更好的人才，毕业生有了成就，能够在社会上立足，就会为学校学院树立更好的社会声誉。他对我说："我给你提一个要求，就是要把学生培养好，学生有本事了，将来在社会上发展好了，就是学院最好的成绩。"当时，我是学院负责学生工作的副书记。十年过去了，我一直谨记着这句话，心怀忐忑地按照关先生的嘱托前行，不敢有一丝懈怠。培养好学生就是将人才培养作为大学的首要责任，培养能够引领未来的专业人才。先生病重期间还一直牵挂学院发展，关心学生成长，真是烛耀一生，用心良苦啊！

他不仅这么说，而且也一直这么做。我负责学生工作期间，从新生入学至毕业离校，他每年都要多次参加大型学生活动。他经常在会议结尾，给学生上一堂生动的人生课，每一次对学生的教导，虽轻声细语，却如涓涓细流浸润着学生们的心灵，引来阵阵热烈的掌声。他是真正地爱学生，从在校学生的成长到校友的发展创业，他都关心，在学生有需要时鼎力支持，仿佛这些人都是他的孩子，他在学生身上寄托了希望，用自己的行为诠释了高尚的师德。

关先生为我树立了人生楷模

关先生有着很深的学术造诣，他是水土保持学科的创始人，一生致力于水土保持事业，原创性地提出很多学术理论，把国家生态环境建设推向了一个新的高度。他一生取得了多项重要科研成果，得到中央领导"理论与实践结合起来，把最精彩的论文写在了大地上"的高度评价。由关先生等老一辈水保人开拓和发展的水土保持事业是中国对世界的贡献。

关先生治学严谨。九十岁高龄还亲自操作计算机，整理科研成果，一字一句编写了专著《生态控制系统工程》，我目睹了他对专著的整理及出版过程，在身老体衰的情况下精雕细琢，投入了大量的时间与精力，不得不令人叹服先生做事的认真与执着，他用负责的态度对自己的学术思想划了一个圆满的句号。水土保持学院对此书的出版非常重视，专门邀请中国林业出版社及学校有关部门的领导对专著出版事宜进行研讨，使得这本著作能在先生的有生之年与读者见面。

最难能可贵的是他能将其学术思想、严谨治学的态度毫无保留地传授给后人。学生们所邀请的大大小小的学术报告，他总是用轻松愉快、幽默风趣的言语，将看似深奥的知识讲得简单易懂，大凡他讲座的课堂都会人员爆满，学生们从他的言语中学会很多做人、做事的学问与道理。一天，在与先生一起工作之时，先生即兴提笔留言，连同他主编的《水土保持原理》手迹本一并相赠，既是纪念亦是鼓励，成为我终生的珍藏。

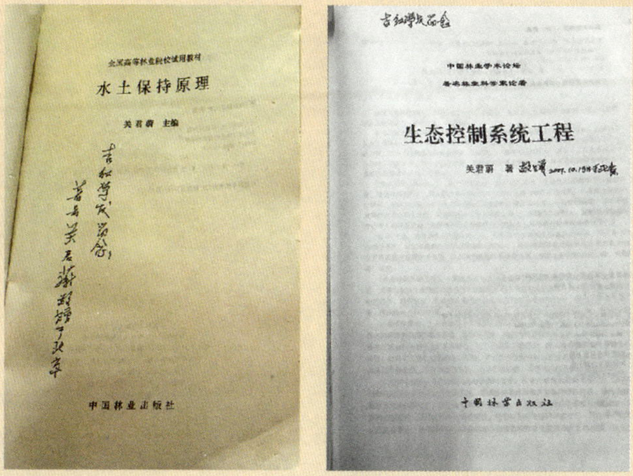

关先生赠书励志

关先生在长期的教学实践中，形成了独特的教育方法。年轻时他长年累月地带领学生深入山区，和当地群众一起吃住，一起钻山沟，被老乡们亲切称为“孩子王”和“泥腿子教授”。他的这种教学方法既在朝夕相处中全面了解学生，又使学生接受最真实、最鲜活的教育，更培养了他们对于老少边穷地区和农林工作的深厚感情。他采用这种方法培育出了我国第一个水土保持的博士生和大批从事水土保持事业的教学、管理和科研骨干。如今，他的学生已经遍布全国，他的博士生有的已经成为了院士。还有那些没有进过大学校门的农村技术员、基层干部、普通农民，因为先生手把手地教过他们科学致富的本事，通俗易懂地给他们讲解保持水土的科学道理，还工作在水土保持的第一线。

关先生在耄耋之年，仍然每天坚持去他的“幄步居”办公室，仿佛有永远做不完的事情。工作中，他对学生和助手要求严格。有一次，他与一个学生共同赶写国家林业重奖的申请书，短短的几页纸，前前后后共改写了八次之多。每一次都是经过认真校对，即使一个标点符号也不放过。就这样打印修改、修改打印，最后先生终于满意了，进入最后一个环节——印刷、装订，怕学生没有经验，他又亲自带学生到复印公司，精心选择了封面和装订式样，直至样品出来他觉得满意了才离开。他说“获不获奖不重要，申请书做得标准是对人家的尊重，这虽然是小事，但体现了个人的素质，事情既然做了，就要尽最大努力，不能应付了事！”在他身边工作久了，自然被他严谨的态度、坦诚的做人、细致的方法、处世的艺术所感染。关先生记忆力非常好，对过去的几十年事情都记得很清楚，他思维敏捷、思路清晰，很善于学习积累，任何时候与他沟通所获得的信息都让我们这些年轻人耳目一新，每次与他一起工作都会有新的收获与启发。

关先生对工作兢兢业业、治学严谨、生活简朴，对后辈关怀备至，这些都是值得我们用一生去学习的地方！他的严谨、负责、敏思、好学是我终生学习的榜样，虽永远达不到他的高度，但会以此为目标，始终严格要求，不断进步，用点滴回馈老先生对后辈的期望。

与关先生合影

先生未了的心愿

关先生一生关注生态脆弱的地区，为中央决策积极建言献策。众所周知的一件事是北京成功申办2008奥运会后，他积极建议、宣传环保，呼吁要结合北京实际办真正的绿色奥运会。当他得知2006年2月17日菲律宾发生特大泥石流造成特大损失的消息后寝食不安，连夜给回良玉副总理写了加强首都山区泥石流防治的建议书。这一建议受到了回良玉同志的高度重视，责成北京市有关部门会同关君蔚院士共商对策。

他一生考察过好多地方，即使是岁数大了，只要能走得动，也是说走就走，像新疆、云南等地不知考察了多少次，唯一没去过的地方是西藏。有一天关先生很郑重对我说，要趁有生之年去一趟西藏，看看西藏的水土保持。我一听感觉事情非小，就赶忙跟学院领导汇报。学院领导一方面十分重视先生的这个要求，另一方面又担心先生的安危，西藏海拔那么高，许多身强力壮的人去了都会出现高原反应，何况一个年近九十岁的老人啊！为慎重起见，学院把老先生的想法与学校进行了及时地沟通。最后学校和学院将先生的身体安全放在第一位，领导们亲自与他进行沟通，使得先生不得不暂时放下了这个想法。就这样，西藏未能成行成了他未了的心愿。虽未成行，但先生的事业心和对水土保持与荒漠化防治的感情和执着精神无不令我们动容，在生命的暮年，他心里想着的水保事业胜过自己的身体啊！

2007年12月29日，关先生驾鹤西去了。我与张洪江教授一起目睹了先生的离去。那个时刻世界仿佛静止了一般，默默不舍地送着这位至尊的老人离开了他热爱的世界。他是那样安详、宁静，是尊重自然一生的淡定，是充实走过一生的欣慰，也是全心付出一生的坦然。

关君蔚院士

老先生留给后人的一言一行，都展现了一个水保先辈对我国乃至世界生态环境建设的不泯情怀，一个伟大而又平凡人生的不懈追求，一位学术泰斗和北林学者崇高的学术境界，一位至尊老者对后人真情的殷切期望！

关先生如同不老青松，永远矗立在我们心中！

谨以此文追忆我最崇敬的关君蔚院士。

心中的那抹暖阳

——点滴记忆，谨以此文纪念关君蔚先生诞辰 100 周年

肖辉杰

一个故事

“375支线，开往北宫门，肖庄站北京林业大学到了啊，请准备下车”。随着公交车售票员的提醒，一位白发苍苍的老人站起身来，窸窸窣窣地准备着下车的零钱，可是摸遍了身上所有的口袋，口袋里没有一分钱，老人抬起头，朝着售票员呵呵地笑了笑，又不紧不慢地打开手里的蓝色布袋，袋子里除了本子和笔没有别的东西。老人走到售票员跟前笑着说“姑娘，早上急着出门，忘记带钱了。”看着眼前这位笑容可掬、衣着朴素的老人，想必他真的忘记带钱了，售票员让他下车了。这位老人就是关君蔚老先生。

想起关先生，我就想起关先生曾经给我们讲过的“一分钱难倒英雄汉，五毛钱难倒关君蔚”的故事。我是关先生2005级博士研究生，也可能是他唯

——一位没有取得北京林业大学博士学位的学生。

一句话

初识关先生是在新生入学开学典礼上，院里书记、院长等领导讲完话后，关先生压轴讲话，那时候懵懵懂懂对学院领导之间关系理不太清楚，只记得介绍他是我们的老系主任。“我们水保专业是艰苦专业，在基层有个说法‘远看像要饭的，近看像卖炭的，一问是水保站的’”，台上台下一片笑声，所有新生都细细地打量着台上这位慈祥的长者，他好像有别于其他的领导，接地气儿的讲话，无形拉近了大家之间的距离。

现在想来，这是关先生给我们上的大学第一课，来到北京，走进大学校门，刚从心底泛起的小骄傲就被老先生一棒子打掉了，从此大学四年，用羡慕的眼光看着人家英语、贸易、经管专业的同学，就像穷人家的孩子早当家一样，我们只能时刻提醒自己要谦卑、要努力，因为我们是艰苦专业。

一本书

本科毕业后，留校在院办工作，院办跟关先生的办公室紧挨着，跟关先生有了更多接触，那时关先生已经是资深院士了，用关先生的原话讲，资深就是退居二线了，这是他的玩笑话，可当时学院领导考虑他年岁已高，就劝他减少外出社会活动。

那时候我还年轻，每天早早到办公室打水、拖地、打扫卫生，也几乎每天可以碰到早早来办公室工作的关先生，心中疑惑，关先生天天忙什么呢？

虽然办公室是邻居，关先生好像一直没记住我的名字，每次有事，他都会笑容满面地站在门口朝我招招手“小家伙，你来一下”，“小伙子，帮个忙”，我当然也乐意给他跑前跑后。

其实帮关先生也帮不上什么大忙，多半是帮他搬搬东西，打打杂，老先生的办公室里外套间，简朴得很，堆放着他积攒了几十年的东西，有点杂乱，也很有序。办公室有几样东西印象深刻，一是他的一台老电脑，不知是286，还是386，DOS操作系统，他还用得很熟练。还有一个用了几十年的绘图桌，玻璃桌面，桌面下面安着两个大灯泡。另外，还有当时科委主任宋健送他的“幄步居”三个大字，因为宋健是山东荣成人，和我同乡，记忆深刻。看到这几个字，就想到唐朝诗人刘禹锡的“斯是陋室，唯吾德馨”，这应该是对关先生最好的写照。

有段时间，关先生忙着写书，有时会叫我过去帮忙打打字。书出版后，书名《运筹帷幄，决胜千里——从生态控制系统工程谈起》。老人家工工整整地在书的扉页写上“赠肖辉杰先生惠存，敬请斧正”，受宠若惊。

打开书看了几页，感觉充满了老人家的哲学思想，我不是太理解书中内容，可是关先生说过的一句话也许可以概括他的生态控制系统工程的精髓，“适地适树，因地制宜，因势利导，乘势而起”。感觉他就像一位太极大师，棚、捋、挤、推，各种手法和分寸拿捏得极其到火候。

一个约定

2005年我顺利地考上了关先生的博士研究生，研究方向为山地灾害防治。博士考试前没有和关先生打招呼，录取后，很正式地去关先生办公室拜师，当时已经不在院办工作，老人家很高兴，一如既往的热情和蔼，说了很多鼓励的话，也负责任地告诉我，因为年岁已高，有可能转给某位老师来指导我。

后来，事情有了变化，因为正好这段时间我申请了公派留学，而且幸运地被选拔上了。2005年9月我办理完所有的博士入学手续后，正式成为关先生的学生后，我却要去和老人家道别了，之前曾告诉过他，我被选拔上公派出国的事情，我要去上海同济大学学习德语一年。

这是我跟关先生正式谈话时间最长的一次，老先生给我讲了如何适应留学生活，要学会从同学、师兄弟处得到帮助等等。最后，关先生讲到，印度很多留学人员会回国以后再答辩一次，拿到双博士，他提议，我们之间有了一个约定，我回国后再答辩一次，要拿到双博士学位。

2010年7月，我如约回国，不过已经物是人非，双博士不可能实现了，也许在德国取得的博士学位算是对老先生的告慰了吧。

结语

2007年，在德国读博的我，突然收到同事的一封邮件，告知先生离去的消息，深深的惋惜之余又很平静，老先生一辈子淡看风云，一定走得也很平静。

老人家是水保学科的创建者，在很多人心目中是科学巨匠，可在我心中，他就是位勤奋平和的长者，如同天边那抹夕阳，不是那么热烈奔放，却暖暖的，直到心底。

我让同事替我送上一束花，请原谅我的不能归来。

君子美德，泽震四海；蔚然成风，绿荫九州

——纪念关君蔚先生诞辰 100 周年

张学霞　赵静谣

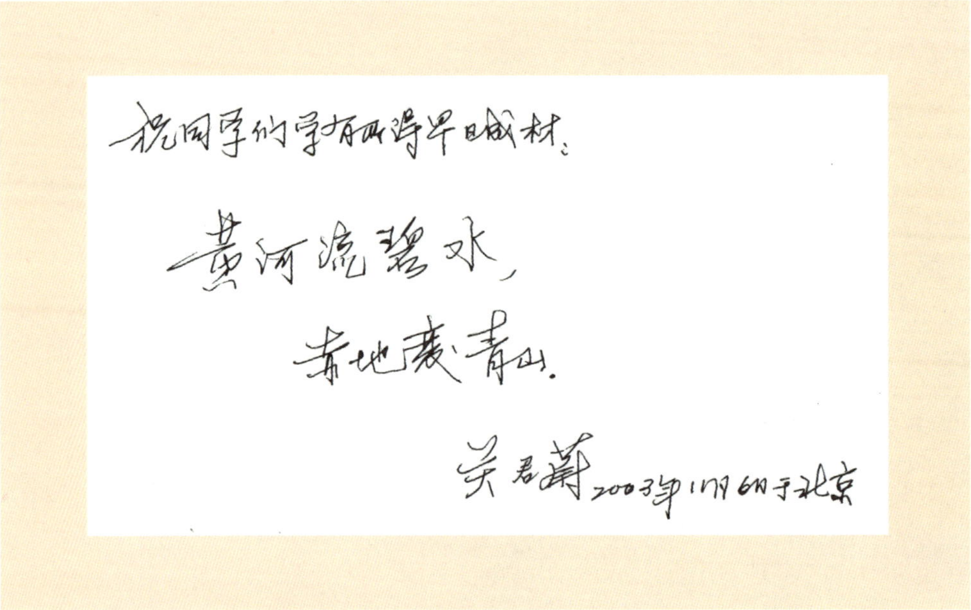
祝同学们学有所得早日成材：

黄河流碧水，

赤地变青山。

关君蔚 2003年1月6日于北京

给我们北林人留下这句话的是他——关君蔚院士。

我和关先生接触不多，只是有幸聆听了关老先生的几次讲座。谈及关先生，印象最深的是他提着一个蓝色帆布包步履匆匆的身影，和那永远挂在脸上的和蔼笑容。关先生是水土保持专业的泰斗，是中国工程院院士，赞誉如潮，然而关先生本人却是非常的低调谦和。身为院士，他谢绝了学校为他配备的专车，无论是参加会议还是举办讲座，无论春夏秋冬，他都是提着自己常用的蓝色袋子，慢慢走到学校门口等公交车。而且每每在路上碰见关先生，与他打招呼，关先生都会微微一笑，慢慢说道 “你好！”其实，我感觉他可能并不认识我，因为他视力不是很好，听力也不好，估计在办公室匆匆几次会面，留不下太多印象。但他每次都会很认真地还礼，不骄不嗔，一点儿没有老教授的架子。对于众多的学校活动，无论是讲座、报告，还是颁奖、文艺演出，只要他接受了邀请，就会非常仔细地准备，按时到场，认真地参加到全程结束，每次都能感受到关先生对青年人才培养和提携的拳拳赤心。

关先生常挂在嘴边的笑容，可以说在全校几乎是没有人不知道的。这是一种高度的乐观。我们知道，早在1942年，执教北京大学农学院的关先生就已是副教授了，但是因为种种原因，直到1980年他才升为教授。副教授做了38年，关先生却毫无怨言，淡淡说道：“教授副教授，一样踏踏实实做事情。”关先生的入党经历也是漫长曲折，经历了党几十年的考验，直到68岁高龄，才加入中国共产党。在关先生《生命是一条快乐的小溪》中，他这样写道：“从客观来讲，我创办了中国第一个水土保持专业，1995年被评为中国工程院院士，这都是外界对于我个人的肯定。但当我回首走过的岁月，我觉得我的一生就像一出喜剧，我并没有完成什么值得纪念的工作，我也没有像鸣禽一般歌唱，我只是静静地微笑，笑我自己幸福无涯。”尽管关先生的微笑如今只能出现在我们的回忆里，但他的高度乐观精神已经深深地融入了每一个北林学子的心中。

关先生把自己的一生都奉献给了他最爱的水土保持事业，活了大半辈子，他还是不习惯开会时坐上主席台，“不如把我放到山林里去”。青山作证，为了拴住泥石流这条“龙”，在与泥石流“较劲”的大半个世纪里，关先生多数时间都是“东跑西颠”。为了取得可靠的动态数据，他曾只身一人在山上观测，在被看山人遗弃的破石头屋里度过了两个雨季；每次泥石流刚过，别人忙着安锅搭灶，他却抄起工具一溜烟地跑了，丢下一句“我去水势最凶的沟看看……”经过多年摸索，关先生终于“破解”了泥石流暴发的“密码”，使我国的泥石流预报达到了分期预报、动态追踪的前沿水平。他提出“因害设防，生物措施与工程措施相结合”的“中国特色”综合治理方案，正在全国生根开花，收到了显著的治理效果。

半壁图书四隅景象，放眼世界心系中华。1978年，我国启动了“三北”防护林建设工程。当时的关先生已是北京林学院水土保持系的系主任，担任着繁重的教学任务，正准备利用业余时间第四次修订自己的专著——国家重点教材《水土保持原理》。他依然精神抖擞地上任了，所做工作远超出了顾问的职责范围。连续五个暑假，他驻守在北京远郊的妙峰山，担任“‘三北’防护林高级干部研讨班”主讲教师，为防护林工程培养了大批骨干；他提出的论点，成了“三北”防护林体系建设的理论基础，还被广泛应用于其他防护林体系的建设中……经过他和同志们的努力，防护林工程经受住了种种考验，“绿色长城”傲然挺立，荫庇起昔日深受风沙荒漠之苦的百姓。 青山作证，关先生走到哪里，就把绿色带到哪里，满目的绿色又给了他人生最大的欣慰。用他的话说：“绿色是大地的魂啊，而大地的魂是掌握在人手里的。我的梦想就是——把山川妆成锦绣。”

关先生的探索，真的是伴随终生了。他对于大事小事，都有这种探索的精神。自然界繁殖的蝈蝈一年只有一代，人工饲养的就可以两三代。他养的已经繁殖到了第四代，可以全年都听到蝈蝈的叫声了。对于“study”这个词，常人都译作研究，但在关先生的字典里，却成了探索。人家都说，“80多岁，院士，早就功成名就了。还图什么，还奋斗个什么。”他说，如果看成是探索，味道就不一样了。探索是无止境的。在探索中，就只剩下事业了，就没有自己了，就可以做到忘我了。浮生在世一瞬间，老去无影踪，应以探索为怀，三更灯火五更鸡，超前就是创新。在关先生70岁高龄时，为了探索植物物候学的奥秘，他特地骑自行车去中国科学院地理科学与资源研究所向张福春老师请教物候观测的相关规范。当时，关先生已经是资深院士，但张老师仅仅是刚刚留所的助理研究员。关先生探索真理的精神和态度永远值得我们学习，至今张老师谈及此事还是激动不已。

记得关先生讲的最后一堂课是在北京林业大学东配楼报告厅进行的，讲座的主题是《求学与人生》，当时他已经九十高龄，但依旧坚持站在讲台上。同学们为他搬的椅子他也不坐。他说讲课要像讲课的样子，要学生坐着老师站着。我想这就是为什么林大的学生爱戴关先生的缘由之一吧。当关先生去世的噩耗传来，同学们自发地设立网上灵堂，抒发对关先生的崇敬和悼念之情。大师远去，山河呜咽。

2017年是关君蔚先生诞辰100周年，现在我们可以说：关先生，请走好。我们也完全可以相信，关先生能够放心地远去。因为几十年来，他已经为祖国培养了大批优秀的人才，而在今后，还将继续化为核心的林大精神，朝着“替山河装成锦绣,把国土绘成丹青”的目标，不断地向前进。

今世得遇，此生无憾

赖宗锐

初见先生是在大学上课途中，旁边同学惊呼："看，关老！"老先生给我留下的第一印象就如同《天龙八部》里的扫地僧一般，瘦骨嶙峋，气度雍容，乍一看，根本瞧不出他是身怀"武林绝学"的工程院院士，38年副教授，最后成了院士，在海内外也算是"凤毛麟角"般存在。

2007年暑期，先生办公室需要两名打杂的学生，帮忙整理文件，打印复印和报送材料等。应同学推荐，有幸与关老有过数月的交流，先生的人格魅力和处事之风深深影响了我对人生的定向。第一次与先生交谈，不是在办公室，而是在家里，先生精神抖擞，神采奕奕，平易近人，使得战战兢兢的我不再拘谨。先生只一言：行，就是你了。先生办公室在主楼8层最东侧，当时跟同学打趣："关先生作为院士，学校给安排的办公条件不咋地呀！"办公室正对厕所不说，还没安装空调，更无专职秘书，只有一台破旧的风扇立在墙角。然而，先生就如同传说那般，事事躬亲，不急不缓，不怨不争。

我有幸参与了先生最后一本著作《生态控制系统工程》的部分校稿工作，从中国林业出版社的编辑那儿把稿子拿回来，厚厚一沓，年少无知的我还纳闷，这么多文字，是怎么码起来的。花了数日将稿子看了几遍，将修改得不恰当和明显错误的地方标记后，赶紧送到先生家里，先生交代一定得自己再过几遍才放心，最后交到我手里的稿子又增加许多修改批注，这才给编辑送去，如此往返数次，足见先生对待工作和人生的态度——较真且注重细节！先生用“身教”结结实实给我上了一堂人生启示课。

记得一次，有人打来电话，欲送给先生一套价值数万元的奥运纪念币，以表示对关先生的仰慕崇敬之情。转告先生，得到回复是以后此类送礼全推掉，概不接受。后来先生在一次交谈里告诉我，无利不送礼，人家又不是你亲戚朋友，送了礼，当时无求，将来的某个时候肯定是有所要求的。后来，此类的电话还很多，我都一一婉拒。最后，对先生了解更深之后，才知道其一生淡泊名利，即使有功亦可不受禄，从留学归来放弃好工作而做了教书匠，到“文化大革命”上山下乡，再到改革开放后当了院士，38年副教授的先生用一生的经历在教育水保后人做人做事的准则。

2007年临近暑假结束，突闻父亲病重，给先生告假回家探病，临行前先生再三要求我去家里一趟，我当是临别叮嘱，现在还清楚地记得当时的情景，先生将几百块钱交到我手里，说道，“回家探病路上肯定得花钱，就当是预支勤工俭学的补助吧！”不曾想那是我最后一次见先生，后来听说先生病重，本想探视，学长告诉我想看先生的人太多，哪轮得上我们这小兵小卒，加之先生也需要休息不可过多打扰。然而，如同我这样的小兵小卒，先生还惦记着回家路上钱是不是足够，每每思及，无不感激涕零。

这便是我与先生的短暂接触，数年过去，仍记忆犹新。现如今，承蒙先生教导，在水土保持学院做一名教书匠，有幸在先生铺设的水土保持道路上沿途寻踪，先生亦如一盏明灯照亮着所有水保人前行探索的道路。

祖师爷的二三事

——一个学生眼中的关君蔚

何经纬

关君蔚院士是水土保持和生态控制系统工程专家，水土保持学科的创始人。对于我这个学水保的来说，当然是我的祖师爷，是我心中顶礼膜拜的神，在我的心中一直是高高在上、不可接近的圣人形象。直到2003年的秋季，是一个极偶然的机会，院里派我去做祖师爷的助手，给了我一个与祖师爷一起工作、学习的机会。

在我为先生做助手的两年时间里，我跟随先生学到了很多东西，包括做人、做事、做学问的道理，也对先生有了更多的了解，使我心中的圣人形象与现实中的人合二为一。在工作和学习中，我觉得他更像一个普通人。在工作中，他是我的领导，对分配给我的任务都有严格的要求；在我的学习中，他更是一位严师，指导我的学习；生活中，他又是一位长者，像爷爷一样关心我。

关先生对工作有着无尽的热情，每天起床之后除了工作还是工作，即使生病住院也从没有停止过。记得2005年的春节，先生突然生病住进了医院，而当时他正在赶写一篇关于红树林与海啸关系的报告要交给国家领导，这次住院对报告的上交无疑产生了重大的影响，而我当时又因故不在先生身边，不能帮助先生完成报告，最后他找到了院里的王栋老师，协助他一起在春节期间把这篇报告赶了出来，硬是在正月初八把这份报告交到了国家领导的手里。这对一位年近九十，卧病在床的老人来说，是多么困难的事情啊！

关先生治学做事的严谨程度是一般人所不能想象的，这对于给他做助手而又一贯马虎的我无疑是一种“折磨”。记得有一次，我们共同赶写国家林科重奖的申请书，短短的几页纸，前前后后共改写了八次之多，每一次都是经过认真的校对，即使一个标点符号也不放过，就这样打印修改、修改打印，最后先生终于满意了，进入最后一个环节，印刷、装订。先生怕我没有经验，亲自领着我来到他常去的那家复印公司，精心选择了封面和装订样式，直至样品出来他觉得满意了才离开。“获不获奖不重要，申请书做得标准是对人家的尊重，这虽然是小事，但体现了个人素质，事情既然做了，就要尽最大努力，不能应付了事！”他是这样对我说的。

先生对于后辈是很爱护的，即使是年轻人请教、求助他都不会拒绝，真有鲁迅当年“俯首甘为孺子牛”的精神。经常有学生找他题字，只要时间允许他从来都不拒绝。“心灵手巧，青出于蓝”是先生对后辈的期望，希望我们既有实践动手能力，又可以超越前辈。记得有一次，一个小学生来采访先生，在采访结束时为了表示对先生的敬意，给先生戴上了红领巾，一位满头白发的老爷爷，系着红领巾，还真有点像小学生。这主要还是先生对后辈充满了爱护之情！

关先生对工作兢兢业业、治学严谨、生活简朴，对后辈关怀备至，这些都是值得我们用一生去学习的地方。望我们以先生为目标，为水土保持事业奉献终生！